W0241330

STARK

# ABITUR-WISSEN GESCHICHTE

Martin Liepach

# Nationalsozialismus und Zweiter Weltkrieg

STARK

ISBN 978-3-89449-479-7


www.stark-verlag.de
1. Auflage 2001

# Inhalt

**Autor:** Dr. Martin Liepach

# Vorwort

Liebe Schülerinnen, liebe Schüler,

der Nationalsozialismus beschäftigt seit jeher wie kaum eine andere Epoche der deutschen Geschichte die Historiker. Ab der zweiten Hälfte der 80er-Jahre rufen zudem Auseinandersetzungen über den Nationalsozialismus und seine Ursachen Interesse hervor, das weit über die Fachwelt hinaus geht. Diese Debatten, die Fragen nach Schuld, Verantwortung und Konsequenzen aufwerfen, erregen auch in der Öffentlichkeit Aufsehen, weil sie das Selbstverständnis der Deutschen berühren.

Die Epoche des **Nationalsozialismus und des Zweiten Weltkriegs** ist mit Sicherheit eine der am besten erforschten und dokumentierten Abschnitte der Geschichte; die Anzahl an Büchern und Aufsätzen ist kaum überschaubar. Allerdings machen es die Vielschichtigkeit und Komplexität des Themas auch Fachleuten zunehmend schwer, den „Überblick“ zu behalten. Dieses Buch soll Ihnen eine zuverlässige Einführung in die **zentralen Aspekte** des Themas Nationalsozialismus und Zweiter Weltkrieg sein. **Alle prüfungsrelevanten Aspekte** sind systematisch behandelt. Die klar strukturierte Darstellung ermöglicht Ihnen ein **fundiertes Überblickswissen** und eignet sich daher zur **Vorbereitung auf Klausuren und das Abitur**. Für die Vertiefung verschiedener Einzelaspekte ist es jedoch wichtig, weiterführende Literatur heranzuziehen. Anregungen finden Sie im Literaturverzeichnis.

Trotz der zahlreichen Veröffentlichungen ist diese Epoche keinesfalls vollkommen erforscht. Durch fachwissenschaftliche und öffentlich geführte Diskussionen werden immer wieder neue Fragestellungen aufgeworfen. Daher beinhaltet dieses Buch neben der Darstellung der **geschichtlichen Hauptentwicklungslinien** auch wichtige **Kontroversen über die Interpretation des Nationalsozialismus**.

Ich wünsche Ihnen viele Anregungen bei der Lektüre dieses Buches und viel Erfolg in Ihrem Geschichtskurs!

Martin Liepach

Dr. Martin Liepach

# Stationen und Methoden der Herrschaftssicherung der NSDAP

## Die Machtübernahme

Am 30. Januar 1933 ernannte Reichspräsident Hindenburg Adolf Hitler zum Reichskanzler. Er tat dies widerwillig und auf Druck seiner Berater, die ausnahmslos eine **Regierung der „nationalen Konzentration“** unter Führung Hitlers befürworteten. Im Umfeld des greisen Reichskanzlers waren die politischen Fäden zuvor gezogen worden. Der Vorsitzende der Deutschnationalen Volkspartei, Alfred Hugenberg, hatte in einem Gespräch zu verstehen gegeben, dass er notfalls bereit sei, als Wirtschafts- und Landwirtschaftsminister in einem Kabinett Hitler zu dienen. Zum Zeitpunkt der Ernennung war das parlamentarische System der Weimarer Republik längst unterhöhlt. Neben Hitler traten noch zwei NSDAP-Mitglieder, Wilhelm Frick als Reichsinnenminister und Hermann Göring als Minister ohne Geschäftsbereich und Kommissarischer preußischer Innenminister, in das Kabinett ein. Die Vorstellung rechtskonservativer Kreise, man könne durch die Hineinnahme von acht nicht-nationalsozialistischen Ministern in die Regierung Hitler zähmen, erwies sich bald als folgenschwerer Irrtum. „In zwei Monaten haben wir Hitler in die Ecke gedrückt, dass er quietscht“, soll Vizekanzler Franz von Papen geäußert haben, und auch Hugenberg erklärte: „Wir rahmen Hitler ein.“

Das Kabinett Hitlers stellte sich am 30. Januar 1933 der Öffentlichkeit vor: Hitler zwischen Hermann Göring (li.) und Vizekanzler Franz v. Papen (re.), hinter Papen Reichswirtschafts- und Ernährungsminister Alfred Hugenberg.

Der 30. Januar 1933 war nicht, wie die NS-Propaganda verbreitete, der Tag der „Machtergreifung“ durch die Nationalsozialisten, sondern der Tag der Machtübergabe aus den Händen des greisen Reichspräsidenten Hindenburg. Hitler kam als „Präsidialkanzler“ an die Macht. Die „Machtergreifung“, d. h. der Prozess der Umwandlung der Weimarer Republik in eine Einparteien- und Führerdiktatur, geschah in den darauf folgenden Wochen.

In der zweiten Kabinettssitzung am 1. Februar wurden die **Reichstagsauflösung** und die Festsetzung von Neuwahlen für den 5. März beschlossen. Intern wurde am Kabinettstisch vereinbart, dass die anstehenden Wahlen die letzten sein sollten, um eine Rückkehr zum parlamentarischen System endgültig zu vermeiden. Hitlers Ziel war es, durch diese Wahl seine Herrschaft als vom Volk beauftragt erscheinen zu lassen, obwohl es darum ging, das Recht des Volkes auf Repräsentation abzuschaffen. Die NSDAP wollte vermeiden, dass sie nach der erfolgreichen Reichstagswahl in der Machtbalance durch noch nicht nationalsozialistisch regierte Länder gestört wurde. So kam es am 6. Februar durch die Verordnung zur „Herstellung geordneter Regierungsverhältnisse in Preußen“ zur Auflösung des Landtags; die Neuwahlen wurden ebenfalls auf den 5. März festgelegt. Das alles geschah unter Missachtung der Verfassung.

Mit dem irreführenden Hinweis auf einen von den Kommunisten geplanten Generalstreik wurde am 4. Februar die Verordnung des Reichspräsidenten „Zum Schutze des deutschen Volkes“ erlassen. Sie ermöglichte Eingriffe in die Presse- und Versammlungsfreiheit und gab die Handhabe für erste Verfolgungen politischer Gegner. Insbesondere in Preußen ging Göring gnadenlos vor. Dort ordnete er am 22. Februar an, SA (Sturmabteilung), SS (Schutzstaffel) und Stahlhelmleute als Hilfspolizisten einzusetzen.

## Der Reichstagsbrand

Am 27. Februar 1933 zündete der holländische Kommunist Marinus van der Lubbe das Berliner Reichstagsgebäude an. Van der Lubbe war Einzeltäter, so lautet die in der Forschung vorherrschende Meinung. Die Frage nach dem Täter oder den Tätern und möglichen Hintermännern ist in jüngerer Zeit neu aufgerollt worden. Seit einiger Zeit frei zugängliches Material (Akten, Zeugenaussagen) wirft neue Fragen nach der Täterschaft auf. Fest steht, dass Göring und Goebbels noch in derselben Nacht verbreiten ließen, es handele sich um einen Aufstandsversuch der KPD unter Mitwisserschaft der SPD. Verhaftungskommandos der Polizei nahmen über 4 000 missliebige Personen fest, die auf „Schwarzen Listen“ der Nationalsozialisten standen.

Der Reichstagsbrand vom 27. Februar 1933 war den Nationalsozialisten eine willkommene Gelegenheit für eine konsequente Verfolgung von Kritikern. Auch für die Reichstagswahl vom 5. März 1933 wurde er propagandistisch genutzt.

Die unmittelbar nach der Brandnacht erlassene Notverordnung des Reichspräsidenten „zum Schutz von Volk und Staat" **(„Reichstagsbrandverordnung")** gehört zu den wichtigsten Instrumenten der nationalsozialistischen Technik der Machteroberung und sollte noch vor dem **„Ermächtigungsgesetz"** vom 23. März zum „Grundgesetz des Dritten Reiches" und zu seiner eigentlichen „Verfassungsurkunde" (E. Fraenkel) werden.[1] Die „Reichstagsbrandverordnung" setzte wesentliche Grundrechte außer Kraft: Freiheit der Person, Meinungs-, Presse-, Vereins- und Versammlungsfreiheit, Post- und Fernsprechgeheimnis, Unverletzlichkeit von Eigentum und Wohnung. § 2 gab der Reichsregierung, sofern „in einem Lande die zur Wiederherstellung der öffentlichen Sicherheit und Ordnung nötigen Maßnahmen nicht getroffen" werden, das Recht, „insoweit die Befugnisse der obersten Landesbehörde vorübergehend wahr[zu]nehmen". Damit war die verfassungsmäßige Legitimation zum Eingriff in die Länderrechte gegeben. Auch hatten fortan nachgeordnete Behörden auf Länder- und Gemeindeebene der Reichsregierung nach § 2 „im Rahmen ihrer Zuständigkeit Folge zu leisten".

Unter diesen Bedingungen geriet der Wahlkampf zur Farce. Fast alle kommunistischen Kandidaten waren verhaftet worden, soweit sie nicht geflüchtet oder in die Illegalität gegangen waren. Trotz des NS-Terrors im Wahlkampf und verfassungswidriger Behinderung besonders von KPD, SPD und Zentrum erreichte die NSDAP am 5. März nur 43,9 % der gültigen Stimmen.

1 Bernd Jürgen Wendt: Deutschland 1933 –1945. Das Dritte Reich. Hannover 1995, S. 83.

**Wahlergebnisse der Reichstagswahl von März 1933 in Prozent**

| | | | |
|---|---|---|---|
| DNVP | 8,0 % (–0,3 %) | Staatspartei | 0,9 % (–0,1 %) |
| NSDAP | 43,9 % (+10,8 %) | SPD | 18,3 % (–2,1 %) |
| DVP | 1,1 % (–0,2 %) | KPD | 12,3 % (–4,6 %) |
| Zentrum/BVP | 13,9 % (–1,1 %) | Wahlbeteiligung | 88,8 % (+8,2 %) |

Zur Eröffnung des neuen Reichstags am 21. März 1933 setzte der gerade ernannte Reichspropagandaminister Goebbels eine Veranstaltung in Szene, die ihre Wirkung im In- und Ausland nicht verfehlte. Die Inszenierung des **„Tags von Potsdam“** war in ihrer Symbolik auf die Verbindung von nationalkonservativem Traditionsbewusstsein und nationalsozialistischem Revolutionswillen, von „altem“ und „neuem“ Deutschland, von Preußentum und Nationalsozialismus abgestellt. Hitler und Hindenburg beschworen in der Eröffnungssitzung in der Potsdamer Garnisonskirche preußische Tugenden und nationale Größe. Durch diesen Tag fühlten sich die Repräsentanten des „alten“ Deutschlands in ihrer Illusion bestätigt, dass das Konzept der „Einrahmung“ und „Zähmung“ Hitlers erfolgreich sei. Nur einen Tag zuvor hatte Heinrich Himmler die Errichtung eines ständigen **Konzentrationslagers in Dachau** bekannt gegeben.

Nach dem Vorbild des ersten Konzentrationslagers Dachau wurden überall im Reich Lager errichtet. Ende Juli 1933 waren bereits über 26 000 Menschen in „Schutzhaft“ genommen und interniert worden.

## Das Ermächtigungsgesetz

Am 23. März 1933 wurde gegen die Stimmen der SPD das Ermächtigungsgesetz mit der von der Verfassung vorgesehenen **notwendigen Zweidrittel-Mehrheit** angenommen. Um dies zu erreichen, wurden unter Umgehung der Verfassung alle 81 KPD-Abgeordneten als nicht mehr zum Reichstag gehörig und damit als nicht stimmberechtigt gezählt. Sie waren nach dem Reichstagsbrand, wie auch 26 SPD-Abgeordnete, geflohen oder verhaftet worden.

Da die Sozialdemokraten das Ermächtigungsgesetz ablehnten, waren die Nationalsozialisten auf die Stimmen des Zentrums angewiesen. In mehrtägigen Gesprächen mit den Vertretern des politischen Katholizismus warb Hitler für eine Zusage. Das Zentrum und die Bayerische Volkspartei (BVP) stimmten dem Gesetz schließlich zu, um die Rechte der katholischen Kirche im Schul- und Erziehungswesen und die Verhandlungen über das Konkordat zwischen dem Deutschen Reich und dem Vatikan nicht zu gefährden.

Der sozialdemokratische Parteivorsitzende Otto Wels erläuterte in maßvoller und würdiger Form unter den drohenden Blicken der SA-Truppen die Ablehnung seiner Partei: „Wir deutschen Sozialdemokraten bekennen uns in dieser geschichtlichen Stunde feierlich zu den Grundsätzen der Menschlichkeit und Gerechtigkeit, der Freiheit und des Sozialismus. [...] Wir grüßen die Verfolgten und Bedrängten. Wir grüßen unsere Freunde im Reich. Ihre Standfestigkeit und Treue verdienen Bewunderung. Ihr Bekennermut, ihre ungebrochene Zuversicht verbürgen eine hellere Zukunft.“[2]

Das Ermächtigungsgesetz zur „Behebung der Not von Volk und Staat“ bedeutete die Ausschaltung des Parlaments und der Weimarer Verfassung. Die Regierung konnte nun Gesetze verfassungsändernden Inhalts, soweit sie nicht die Einrichtung des Reichstags und Rechte des Reichspräsidenten berührten, erlassen. Damit ging die Legislative in die Hände der Regierung Hitlers über. Das Ermächtigungsgesetz bildete die **Grundlage für die NS-Diktatur** und wurde 1937 auf vier Jahre, 1943 schließlich auf unbestimmte Zeit verlängert.

Am 22. Juni 1933 wurde die SPD verboten. Die KPD war ohnehin durch den dauerhaften Ausnahmezustand faktisch verboten. Bis zum 5. Juli lösten sich die übrigen Parteien selbst auf. Der Vorgang veränderte auch die Situation im Koalitionskabinett, denn mit der Ausschaltung des Reichstags verlor Hugenberg die Basis. Als seine Partei, die DNVP, sich selbst auflöste, trat er als Minister zurück. Das Gesetz gegen die Neubildung von Parteien vom 14. Juli 1933 verwandelte Deutschland in einen **Einparteienstaat**. Das fortan bestehende Monopol der NSDAP vollendete die Gleichschaltung auf parlamentarischer Ebene.

2 Wolfgang Michalka (Hrsg.): Deutsche Geschichte 1933–1945. Frankfurt am Main, Fischer 1993, S. 25.

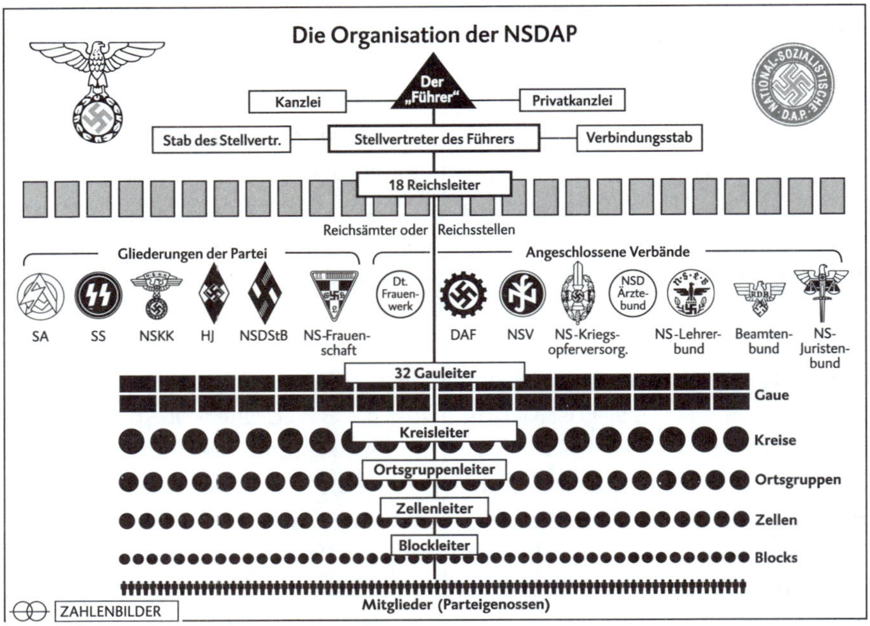


## „Gleichschaltung"

Für die Methode der Machteroberung erfanden die Nationalsozialisten den für ihre systematische Verschleierung von Sachverhalten charakteristischen Begriff der „Gleichschaltung". Hinter diesem politischen Schlagwort verbirgt sich die Aufhebung des politischen und gesellschaftlichen Pluralismus während der Phase der Machtübernahme. Bei der Gleichschaltung der Länder mussten diese ihre Hoheitsrechte auf das Reich übertragen. Zwischen dem 5. und dem 9. März 1933 erfolgte die **Eroberung der nicht-nationalsozialistischen Länder** (Hamburg, Hessen, Lübeck, Bremen, Württemberg, Baden, Schaumburg-Lippe, Sachsen und Bayern). Dieser Vorgang verlief zumeist nach dem gleichen Muster: SA- und SS-Leute sorgten für Provokationen und Kundgebungen des sogenannten „Volkszorns". Der Reichsinnenminister setzte unter Berufung auf Artikel 2 der „Reichstagsbrandverordnung" die Landesregierung ab und setzte einen Kommissar, in der Regel den zuständigen Gauleiter der NSDAP oder einen anderen führenden Nationalsozialisten, ein und ernannte auch kommissarische Polizeipräsidenten.

Ebenso wurden wichtige Organisationen sowie **Rundfunk und Presse „gleichgeschaltet"**. Sie wurden ihrer Eigenständigkeit beraubt und nach dem

Führerprinzip ausgerichtet, indem überzeugte Nationalsozialisten die Führungspositionen auf allen Organisationsebenen übernahmen.

Durch das **„Gesetz zur Wiederherstellung des Berufsbeamtentums"** vom 7. April 1933 wurden politisch unliebsame Personen und Juden vom Beamtenstatus ausgeschlossen. Neben dem politischen Säuberungswillen brachte das Berufsbeamtengesetz das klare Element des spezifisch nationalsozialistischen Rassenantisemitismus zur Geltung.

## Propaganda und Terror

Gewalt und Propaganda bilden eine untrennbare Einheit. Dort, wo die Propaganda nicht mehr weiterkommt, greift die Gewalt ein. Beide Elemente sind sehr entscheidend für die Eroberung der Macht und danach für die Konsolidierung und Sicherung des nationalsozialistischen Herrschaftssystems. Zu den Grundprinzipien der nationalsozialistischen Indoktrination gehörte eine emotionale Ausrichtung. Dabei konzentrierte sich die Propaganda auf wenige Punkte, die der Masse mit andauernder Beharrlichkeit schlagwortartig eingehämmert wurden. Einer der zentralen Propagandabegriffe war der der **„Volksgemeinschaft"**. Der Begriff beschwor eine fiktiv bestehende, schicksalhafte Einheit, in der vorhandene Klassengegensätze per Definition einfach für nicht mehr existent erklärt und soziale Widersprüche verschleiert wurden. Zudem wurzelte er in einer **Blut-und-Boden-Ideologie**. Deutsche Staatsbürger, die von den Nationalsozialisten zu Juden erklärt wurden, konnten keine deutschen „Volksgenossen" sein. Die Volksgemeinschafts-Propaganda schuf in hohem Maß eine Atmosphäre der sozialen Kontrolle. Unter dem Hinweis auf das „gesunde Volksempfinden" unterlagen kritische und systemabweichende Personen jederzeit der Gefahr der Ausgrenzung. Schlagworte wie „Du bist nichts, dein Volk ist alles!" beschworen die Eingliederung in eine opferbereite Leistungsgemeinschaft, die auch im Krieg die abverlangte Leidensbereitschaft ertrug.

Die „Volksgemeinschaft" war auch in sozialer Hinsicht ein Phantom. Einkommens- und Vermögensunterschiede vergrößerten sich im „Dritten Reich". Um die Volksgemeinschaftsideologie wirksam im Bewusstsein der Bevölkerung zu verankern, musste permanent der Beweis ihrer Existenz angetreten werden.

In der Praxis fand die Propaganda in Aktionen ihren Ausdruck, die einen hohen symbolischen Stellenwert besaßen und sich an die breite Masse wandten. Der 1. Mai 1933 wurde erstmals als „Tag der nationalen Arbeit" zum gesetzlichen Feiertag erklärt. Damit machte sich das Regime eine lang bestehende Forderung der Arbeiterbewegung zu eigen und setzte diese um. Am Tag darauf

In vielen Städten Deutschlands wurde am 10. Mai 1933 sogenannte „jüdisch-bolschewistische“ Zersetzungsliteratur auf öffentlichen Scheiterhaufen verbrannt. Der offene Terror der SA zwang nicht nur Zehntausende zur Flucht aus Deutschland, sondern erzeugte auch die gewünschte Atmosphäre der Furcht, die zur politischen und geistigen „Gleichschaltung“ des deutschen Volkes erforderlich war.

wurden die Häuser der Gewerkschaften von nationalsozialistischen Rollkommandos besetzt und die Gewerkschaften zerschlagen. Propaganda und Terror bildeten ein Zusammenspiel, sie waren komplementäre Faktoren.

Die von nationalsozialistischen Studenten am 10. Mai 1933 durchgeführten **Bücherverbrennungen** „undeutscher“ Autoren in Universitätsstädten waren ebenfalls eine vom Propagandaministerium inszenierte Veranstaltung. Die Listen waren lang und reichten von politischen Autoren wie August Bebel, Eduard Bernstein, Hugo Preuß und Walter Rathenau über Wissenschaftler wie Albert Einstein und Sigmund Freud zu Schriftstellern wie Bertolt Brecht, Alfred Döblin, Stefan Zweig, Carl von Ossietzky, Erich Maria Remarque, Arthur Schnitzler und Kurt Tucholsky oder Heinrich Heine, der einst klarsichtig geschrieben hatte, wo man Bücher verbrenne, dort verbrenne man am Ende auch Menschen.[3] Die spektakuläre Aktion ist zugleich ein Beispiel für das Ineinandergreifen von Propaganda und Terror, denn sie schuf eine Atmosphäre der Verunsicherung und Einschüchterung, in der fortan das kulturelle Leben reglementiert werden konnte.

Machtvolles Instrument bei der systematischen Verbreitung von Terror gegen politisch Andersdenkende war die sogenannte **„Schutzstaffel“**, kurz SS genannt. Unter dem „Reichsführer SS“, Heinrich Himmler, entstand eine Elitetruppe von ca. 209 000 „rassisch wertvollen“ Parteisoldaten (Ende 1933), die allein dem „Führer“ verpflichtet war.[4] Nach der politischen Ausschaltung der SA und deren Chef Ernst Röhm, dem der Reichsführer SS bis dahin noch un-

3 Karl Dietrich Bracher: Stufen der Machtergreifung. Frankfurt am Main, Berlin, Ullstein 1983, S. 410.
4 Bernd Jürgen Wendt: Deutschland 1933–1945, S. 145.

terstanden hatte, übertrug Hitler am 30. Juni 1934 Himmler die Alleinzuständigkeit für alle Konzentrationslager. Nach der Errichtung des „Modelllagers" Dachau (22. März 1933) entstand in kürzester Zeit ein System von Konzentrationslagern in Deutschland. Der SS-Führung waren die Geheime Staatspolizei (Gestapo) und der Sicherheitsdienst (SD), zu dessen Aufgaben geheimdienstliche Tätigkeiten gehörten, unterstellt.

Neben der systematischen Errichtung von Konzentrationslagern kam es in den ersten Wochen der Machtübernahme zu „wilden" Schutzhaftlagern, in denen Nationalsozialisten auf grausamste Weise ihrem Hass auf den politischen Gegner freien Lauf ließen. **„Schutzhaft"** ist die verschleiernde Beschreibung für illegale Freiheitsberaubung und zeitlich unbegrenzte Inhaftierung ohne richterlichen Haftbefehl sowie ohne die Möglichkeit von Rechtsbehelfen für die Verhafteten, um sie angeblich vor der „gerechten Volkswut zu schützen".

## Röhm-Putsch und Tod Hindenburgs

In der SA wurde der Ruf nach einer Weiterführung der nationalen Revolution immer lauter. Vor allem die **„alten Kämpfer"** mussten nach Abschluss der Gleichschaltungs-Phase feststellen, dass sie als Schlägerkommandos nicht mehr gefragt waren. Die gewünschten Pfründen waren ihnen nicht zugefallen, denn an den Schaltstellen saßen nun Bürokraten und Fachleute, die zu den Millionen gehörten, die im Frühjahr 1933 in die Partei eingetreten waren, um dem Regime ihre Loyalität zu versichern.

Ein weiterer Dissens bestand zwischen Hitler und dem SA-Führer Ernst Röhm über die grundsätzliche Rolle der SA. Röhm hatte eine Gleichschaltung der Reichswehr mit der bewaffneten Parteiarmee gefordert. In dieser Situation entschied Hitler aber für die Reichswehr und beschloss, sich der unbequemen Opposition der SA zu entledigen. Gerüchte über einen Besuch Papens bei Hindenburg und die Tatsache, dass man täglich mit dem Ableben des sechsundachtzigjährigen Reichspräsidenten rechnen musste, beschleunigten die Mordaktion. Unter dem Vorwand eines unmittelbar drohenden Putsches der SA, dem sogenannten Röhm-Putsch, wurden zwischen dem 30. Juni und dem 3. Juli 1934 höhere SA-Führer, darunter Röhm, von der Gestapo und der SS verhaftet und ohne Verfahren erschossen. Auch etliche andere politische Gegner und Konkurrenten, derer sich das Regime entledigen wollte, wurden bei dieser Aktion ermordet. Mindestens 89 Menschen, wahrscheinlich erheblich mehr, fielen den Morden zum Opfer, darunter der frühere Reichskanzler von Schleicher und der Nationalsozialist Gregor Strasser, der im Dezember 1932

ohne Zustimmung Hitlers über einen Eintritt der NSDAP in Schleichers Kabinett verhandelt hatte. Im Zuge dieser Mordaktion erklärte sich Hitler zum obersten Gerichtsherrn des deutschen Volkes. Mit der widerrechtlichen Inbesitznahme des höchsten Amtes der Judikative fielen auch die letzten Reste des Prinzips der Gewaltenteilung.
Am 2. August 1934 starb Hindenburg. Bereits am Vortag war im Kabinett eine Vorlage verabschiedet worden, die das Amt des Reichspräsidenten mit dem Reichskanzler vereinigte. Alle Befugnisse wurde auf den **„Führer und Reichskanzler** Adolf Hitler“ übertragen. Noch am gleichen Tag wurde die Reichswehr auf die Person Hitlers vereidigt. Die Maßnahme wurde von Reichskriegsminister von Blomberg übereilig angeordnet, um Hitler die Loyalität der Armee und seiner Person zu versichern. Die Wehrmacht glaubte, Grund für die Annahme zu haben, dass ihre Stellung als zweite tragende „Säule“ des Staates neben der Partei endgültig für die Zukunft anerkannt war. Die Bindung des Eides an die Person des „Führers und Reichskanzlers“ und nicht an das Vaterland oder an die Verfassung sollte sich für Offiziere und Soldaten in der Frage, ob sie Widerstand leisten sollten, als hohe moralische Hürde erweisen. Der Tod Hindenburgs markiert den Abschluss der ersten Phase der Machtergreifung und Gleichschaltung.

## Fritsch-Krise

Ende 1937 entstanden erste Zirkel von Offizieren, die eine Notwendigkeit der Entmachtung Hitlers und den Umbau des politischen Systems sahen. Als der dem „Führer“ ergebene Kriegsminister **von Blomberg** im Februar 1938 den Abschied nehmen musste, weil er in zweiter Ehe eine Frau geheiratet hatte, die schlecht beleumundet war, nutzte Hitler die Gelegenheit, um durch eine üble Intrige mit dem Vorwurf der Homosexualität auch den unbequem gewordenen Oberbefehlshaber des Heeres, **von Fritsch**, zu entfernen.[5] An die Stelle des Reichskriegsministeriums setzte Hitler ein Oberkommando der Wehrmacht (OKW) ein. Er selbst ernannte sich zum „Oberbefehlshaber der Wehrmacht“.

5 Wolfgang Benz, Walter H. Pehle (Hrsgg.): Lexikon des deutschen Widerstands. Frankfurt 1994, S. 86.

## Zwischen Monokratie und Polykratie

Die Konzentration der Machtfülle auf die Person Hitlers führte zu dem populären Bild von einem **monolithischen „Führerstaat“:** In einer straff von oben nach unten durchorganisierten und zentralisierten Ordnung hörten alle auf das Kommando des „Führers“. Sein Wille war bis in jeden Winkel hinein bestimmend. Diese Vorstellung nennt man monolithisch bzw. monokratisch.

Im Gegensatz zur Vorstellung der zentralen Bedeutung des „Faktors Hitler“ verfolgt der auch als „strukturalistisch“ oder „funktionalistisch“ bezeichnete Ansatz eine grundlegend andere Deutung des Dritten Reiches. Dieser wissenschaftliche Ansatz konzentriert sich, wie die Adjektive andeuten, stärker auf die „Strukturen“ der Naziherrschaft und die „funktionale“ Natur der politischen Entscheidungen.

Eine Reihe von Untersuchungen über das Dritte Reich förderten auf der Regierungsebene ein heilloses Durcheinander von sich ständig verlagernden Machtbasen und sich bekriegender Gruppen zutage. So bezeichnete ein Beamter der Reichskanzlei das Herrschaftssystem als ein „vorläufig wohlgeordnetes Chaos“[6]. Während einige Autoren die chaotische Regierungsstruktur des Dritten Reiches als Folge der von Hitler geschickt angewandten „Teile-und-herrsche!“-Taktik interpretierten, sahen andere Forscher darin das Unvermögen Hitlers, das Verhältnis von Partei und Staat systematisch zu regeln und ein geordnetes, autoritäres Regierungssystem zu schaffen. Diese Überlegungen schufen die Grundlage für die Vorstellung einer multidimensionalen Machtstruktur, bei der Hitlers eigene Autorität nur ein Element war, wenn auch ein sehr wichtiges. Im Gegensatz zum monolithisch geordneten Führerstaat bezeichnet man dies als **„polykratische“ Herrschaft**.

Vertreter des polykratischen Ansatzes argumentieren gegenüber der monokratischen Position, die Rolle Hitlers sei überbetont und es mache keinen Sinn, im Nachhinein zu viele rationale Elemente in dessen Politik hinein zu interpretieren. Dabei hat auch die Vorstellung vom straff organisierten „Führerstaat“ Rechtfertigungscharakter für die mangelnde Ausbildung von Zivilcourage und Widerstandswillen. Denn wo besaßen diese noch Aussicht auf Erfolg, wenn das Regime in seiner Totalität alle Lebensbereiche erfasste.

Für eine Verbindung beider Ansätze tritt der britische Historiker Ian Kershaw ein: „Zu einer Erklärung des Dritten Reiches gehören sowohl die ‚Intention‘ als auch die ‚Struktur‘ als wesentliche Elemente dazu und bedürfen einer Synthese, statt einer Spaltung in ein Gegensatzpaar. Hitlers ‚Intentionen‘ scheinen

6 Bernd Jürgen Wendt: Deutschland 1933–1945, S. 129.

vor allen Dingen für die Schaffung eines Klimas wichtig gewesen zu sein, in dem die entfesselte Dynamik diese Absichten dann zu einer sich selbst bewahrheitenden Prophezeiung werden ließ.“[7]

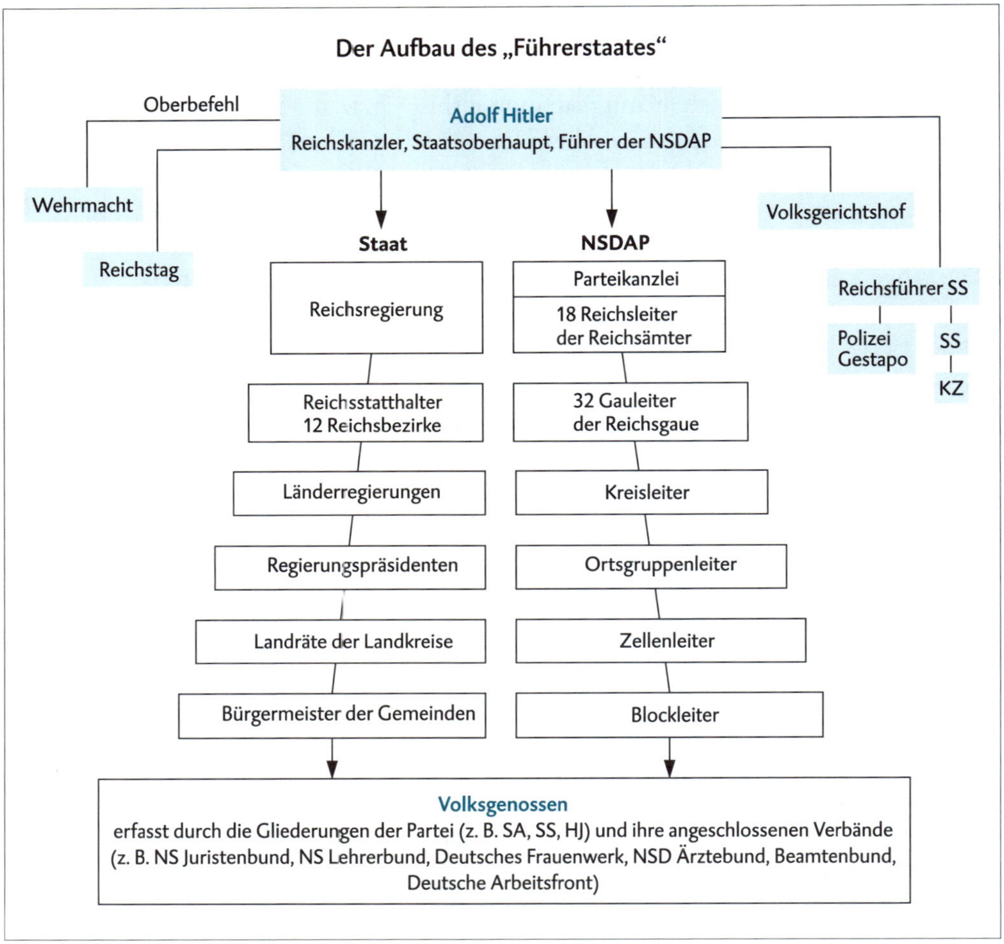


7 Ian Kershaw: Der NS-Staat. Geschichtsinterpretationen und Kontroversen im Überblick. Reinbek bei Hamburg, Rowohlt, erweiterte und bearbeitete Neuauflage 1999, S. 146.

# NS-Wirtschafts- und Sozialpolitik

## Die Zerschlagung der Gewerkschaften

Unter dem Druck der Massenarbeitslosigkeit hatte die Macht der Gewerkschaften gelitten. Darin lag auch ein Grund, warum die Spitze des Allgemeinen Deutschen Gewerkschaftsbundes (ADGB), der größten Gewerkschaft, auf die Mobilisierung ihrer 4 Millionen Mitglieder gegen das neue Regime verzichtete. In der Vergangenheit hatte sich der Allgemeine Deutsche Gewerkschaftsbund mit den Sozialdemokraten im Einklang befunden. Dies sollte sich ändern. Am „Tag von Potsdam" erklärte sich der Gewerkschaftsbund demonstrativ zur Kooperation bereit, „gleichviel welcher Art das Staatsregime ist"[8]. Nach den Wahlen vom 5. März suchten Gewerkschaftsführer „der Zeit Rechnung zu tragen". In einem Schreiben an Hitler distanzierte sich der ADGB-Vorsitzende Theodor Leipart offen von der SPD. Die gewerkschaftliche Organisation und ihre sozialen Einrichtungen sollten gerettet werden, nahezu um jeden Preis.

Dabei hatte die Nazi-Gewerkschaft, die **Nationalsozialistische Betriebszellenorganisation (NSBO)**, noch keineswegs den von ihr angestrebten Organisations- und Zustimmungsgrad erreicht. Bei den Betriebsrätewahlen im März 1933 kam es für sie zu einem eher enttäuschenden Ergebnis. Zwar holte die NSBO im Vergleich zu den Freien Gewerkschaften kräftig auf, aber ein Viertel der Mandate ließ sich nicht als Siegeszug interpretieren.

Der Opportunismus des ADGB sollte sich aber nicht auszahlen. Während er noch seine „nationale Zuverlässigkeit" zu beweisen suchte, liefen die Vorbereitungen der Nationalsozialisten zum entscheidenden Schlag gegen die Gewerkschaften. Ausgerechnet vom nationalsozialistischen Regime wurde den Arbeitern das gewährt, was ihnen lang versagt geblieben war: der traditionelle Tag der internationalen Arbeit, der 1. Mai, wurde zum gesetzlichen Feiertag erklärt.

Die von Goebbels pompös inszenierten Feiern zum 1. Mai bildeten den Auftakt zur endgültigen **Beseitigung gewerkschaftlicher Macht**. Bereits am nächsten Tag, dem 2. Mai 1933, besetzten SA- und SS-Hilfspolizisten, angeführt von Funktionären der NSBO, im Reich die Häuser und Einrichtungen der Freien Gewerkschaften. Ihr gesamtes Vermögen wurde beschlagnahmt und eine Reihe führender Gewerkschafter in „Schutzhaft" genommen.

8 Zitiert nach: Norbert Frei: Der Führerstaat. München 1997, S. 63.

## Die Deutsche Arbeitsfront (DAF)

Mit der Gründung der Deutschen Arbeitsfront (DAF) wurden in den folgenden Tagen die Mitglieder der Gewerkschaften in diese Organisation eingegliedert, die der NSDAP angeschlossen war. Bereits nach drei Tagen hatten sich fast alle Arbeiter und Angestelltenverbände mit insgesamt 8 Millionen Mitgliedern dem Komitee unterstellt. 1936 hatte die Organisation ca. 20 Millionen Mitglieder.[9]

Auf die Besetzung der Gewerkschaftshäuser, hier in München durch die SA, folgte am 4. Mai die Gründung der DAF, die Arbeiter und Unternehmer unter der „Schirmherrschaft" des Führers in einer Organisation zusammenschloss. Soldatische Treue und Gefolgschaft nicht nur an der Front, sondern auch an der Werkbank, war das nationalsozialistische Ideal.

Die DAF war ein Instrument zur Erfassung und **Kontrolle der Arbeiterschaft**. Dies zeigte sich bereits neun Tage nach ihrer offiziellen Gründung. Mit dem „Gesetz über Treuhänder der Arbeit" vom 19. Mai 1933 trat staatlicher Zwang anstelle der bisherigen Tarifautonomie. Formal wurden Kapital und Arbeit in gleicher Weise eingeschränkt, in Wirklichkeit aber bedeutete dieses Gesetz eine Stärkung der Arbeitgeber, denn die 13 hohen Beamten, die künftig als **„Reichstreuhänder der Arbeit"** wirkten, standen der Wirtschaft meistens näher als der Arbeitnehmerseite. Das „Gesetz zur Ordnung der nationalen Arbeit" vom 20. Januar 1934 bestätigte die Rolle der Reichstreuhänder und verschob die Machtverhältnisse zugunsten der Arbeitgeber. Analog zur „Volksgemeinschaft" war in dem Gesetz von der „Betriebsgemeinschaft" die Rede.

9 Martin Broszat, Norbert Frei (Hrsgg.): Das Dritte Reich im Überblick. Chronik Ereignisse Zusammenhänge. München, 1990, S. 212.

Der Unternehmer übernahm die Rolle des „Führers“, den Mitarbeitern wurde die bloße „Gefolgschaft“ zugewiesen. An Tarifverhandlungen und an der Gestaltung von Arbeitsverträgen wirkte die DAF künftig nur noch beratend mit, die bisherige Arbeitnehmer-Mitbestimmung wurde abgeschafft.

## Mittelstand

Auch der Mittelstand erlebte eine straffe, staatsnahe Organisierung. Ende November 1933 erfolgte per Gesetz die Einführung von Pflichtinnungen und des Führerprinzips im Handwerk. Einzelhandel und kleingewerblicher Mittelstand wurden aber, entgegen nationalsozialistischer Wahlversprechungen vor 1933, nicht gefördert, sondern mehr und mehr zugunsten der industriellen Großwirtschaft an den Rand gedrängt. Die einzelnen Wirtschaftszweige profitierten in unterschiedlichem Maße von der Rüstungskonjunktur. Mittel- und Kleinstbetriebe kamen seltener in den Genuss staatlicher Aufträge, sodass der gewerbliche Mittelstand im Allgemeinen gegenüber der Großindustrie benachteiligt war. Im Handel und im Handwerk setzte die Regierung die Stilllegung „volkswirtschaftlich nicht wertvoller“ Betriebe durch. Im Widerspruch zur mittelständischen Ideologie der NSDAP hatten die die Existenz des selbstständigen Mittelstandes bedrohenden Großunternehmen, Kaufhäuser und Banken, sofern sie nicht im jüdischen Besitz waren, zunächst nicht mit staatlichen Eingriffen zu rechnen. Ihre Entwicklung und ihre **Tendenz zur Konzentration** schritt im Dritten Reich weiter voran.

## Hitler und der Mythos der Beseitigung der Arbeitslosigkeit

Das Ende der ökonomischen Talfahrt der deutschen Wirtschaft war um die Jahreswende 1932/33 erkennbar geworden. Unbestreitbar kam den Nationalsozialisten bei ihrem „Wirtschaftswunder“ zugute, dass sie auf **Investitionspläne der Vorgänger-Regierungen** zurückgreifen konnten.

Populistisch und mit großem Propagandaaufwand wurden NS-Konjunkturprogramme in Szene gesetzt. Legende gewordenes Beispiel ist der im Spätsommer 1933 mit großem öffentlichen Getöse begonnene Bau der **Reichsautobahn**. Dabei griffen die Nationalsozialisten auf Pläne zurück, die seit Mitte der Zwanziger Jahre in den Schubladen lagen, durch die Weltwirtschaftskrise aber nicht realisiert worden waren. So war es bereits 1926 unter Führung des Frankfurter Oberbürgermeisters Landmann zur Gründung der HAFRABA, einem halbprivaten Unternehmen, zur vorbereitenden Planung der Autostraße Hamburg – Frankfurt – Basel gekommen.

1935 trug die Einführung der **allgemeinen Wehrpflicht** und einer halbjährigen Arbeitsdienstverpflichtung für alle jungen Männer mit Erreichen des 18. Lebensjahrs dem Ziel der Beseitigung der Arbeitslosigkeit Rechnung. Junge Frauen wurden durch die Offerte eines Ehestandsdarlehens vom Arbeitsmarkt abgezogen. Der zinslose Zuschuss zur Haushaltseinrichtung war mit der Verpflichtung der **Berufsaufgabe** verknüpft. Über eine halbe Million junger Paare stellte in den ersten beiden Jahren einen Antrag; allein 1933 wurden 200 000 Ehen mehr geschlossen als im Jahr zuvor.[10]

**Arbeitslosigkeit im Deutschen Reich 1929–1940**

| Jahr | Arbeitslose in Tsd. | Jahr | Arbeitslose in Tsd. |
|---|---|---|---|
| 1929 | 1 899 | 1935 | 2 151 |
| 1930 | 3 076 | 1936 | 1 593 |
| 1931 | 4 520 | 1937 | 912 |
| 1932 | 5 603 | 1938 | 429 |
| 1933 | 4 804 | 1939 | 119 |
| 1934 | 2 718 | 1940 | 52 |

Stellt man die Kosten für sämtliche Arbeitsbeschaffungsmaßnahmen den Summen für die **Rüstungsausgaben** gegenüber, so wird das Übergewicht der militärischen Ausgaben deutlich. Für Arbeitsbeschaffungsmaßnahmen, einschließlich derjenigen, die bereits unter den Regierungen von Papen und von Schleicher in die Wege geleitet wurden, ergibt sich ein Ausgabenvolumen von höchstens sechs Milliarden Reichsmark. Die Ausgaben im Rüstungsbereich beliefen sich allein im Jahr 1937 auf 10,8 Milliarden Reichsmark. Die Arbeitsbeschaffungsmaßnahmen haben zwar ihren Teil zur Behebung der Massenarbeitslosigkeit beigetragen, der entscheidende Grund für die schnelle Behebung der Arbeitslosigkeit ist aber vor allem in der Stärke der Rüstungskonjunktur zu suchen.[11]

10 Norbert Frei: Der Führerstaat. München 1997, S. 88.

11 Zahlen vgl. Kranig: Arbeitnehmer, Arbeitsbeziehung und Sozialpolitik unter dem Nationalsozialismus. In: Bracher, Funke, Jacobsen (Hrsgg.): Deutschland 1933–1945, S. 147.

## Wirtschaftspolitik und Rüstungsausgaben

Bereits ab 1934 floss ein rapide wachsender Teil der staatlichen Ausgaben in die Aufrüstung. In den Jahren zwischen 1933 und 1938 stieg der Anteil der Wehrmachtsausgaben an öffentlichen Investitionen von 23 % (1933) auf 74 % (1938).[12] Die staatliche Wirtschaftsförderung hatte in Deutschland eine eindeutige wehrwirtschaftliche und rüstungspolitische Zielsetzung. Zudem besaß sie ein ganz anderes finanzielles Volumen als in allen vergleichbaren westlichen Industrieländern. Der Anteil der Staatsausgaben am Volkseinkommen betrug im Jahr 1938 in Deutschland 35 %, in Frankreich 30 %, in Großbritannien nur 23,8 % und in den USA sogar lediglich 10,7 %.[13] Finanziert wurden die gewaltigen Ausgaben zu einem nicht unerheblichen Teil über die vom Reichsbankpräsidenten und Wirtschaftsminister **Hjalmar Schacht** erfundenen **Mefo-Wechsel:** Krupp, Siemens, die Gutehoffnungshütte und Rheinmetall gründeten zu diesem Zweck eine „Metallurgische Forschungsgemeinschaft" (Mefo). Die Mefo beherrschte den Rüstungsmarkt. Ihre Aufträge wurden mit sogenannten „Mefo-Wechseln" bezahlt, deren Wert die Reichsbank garantierte. Auf diese Weise schuf Schacht eine Nebenwährung, die scheinbar zunächst die Staatskasse nicht belastete. Die Verschuldung des Deutschen Reiches stieg von 12,9 Milliarden Reichsmark 1933 auf 31,5 Milliarden im Jahr 1938. Nicht ohne Ironie ist, dass die Reichsbank im Januar 1939 die „hemmungslose Ausgabenwirtschaft der öffentlichen Hand" monierte und die Währungsstabilität und den sozialen Frieden bedroht sah. Hitler antwortete mit der Entlassung Schachts als Reichsbankpräsident. Zur Finanzierung der Staatsausgaben wurde fortan die Notenpresse in Gang gesetzt.[14]

Hitler mit Wirtschaftsminister und Reichsbankpräsident Schacht bei der Grundsteinlegung zum Neubau der Reichsbank 1934.

12 Bernd Jürgen Wendt: Deutschland 1933–1945. Das Dritte Reich. Hannover 1995, S. 211.
13 Ebd., S. 211.
14 Wolfgang Benz: Konsolidierung und Konsens 1934–1939. In: Broszat, Frei (Hrsgg.): Das Dritte Reich im Überblick. München 1990, S. 62.

## Vierjahresplan

Die nationalsozialistischen Expansionspläne beruhten auch auf der Voraussetzung, dass die **deutsche Wirtschaft autark**, also weitgehend unabhängig von Einfuhren wichtiger Rohstoffe und Lebensmittel, werden sollte. Auf dem Parteitag in Nürnberg 1936 verkündete Hitler den Vierjahresplan.

Die Zielvorgaben der wirtschaftlichen Autarkie bestimmten, dass Vorräte bestimmter Rohmaterialien angelegt und die Herstellung synthetischer Treibstoffe gefördert werden sollten. In einer geheimen Denkschrift formulierte Hitler, dass in vier Jahren die Wirtschaft „kriegsfähig“ und die Wehrmacht „einsatzfähig“ sein müssten. Damit gewann der geplante Krieg zum ersten Mal konkrete Umrisse. Mit der Durchführung des Vierjahresplans wurde der preußische Ministerpräsident **Hermann Göring** beauftragt. Er schuf eine eigene Behörde, deren Kompetenzen in Konkurrenz zum Wirtschaftsministerium Schachts standen. In ihr wirkten wichtige Repräsentanten der Wirtschaft. Mit der Verkündigung des Vierjahresplans begann eine stärkere Einflussnahme des Staates und der Partei auf die Wirtschaft. Man kann jedoch das damalige Wirtschaftssystem in Deutschland nicht als Planwirtschaft charakterisieren.

## Die Erfassung der Bevölkerung im Dritten Reich

Die ideologische Umgestaltung durch die nationalsozialistischen Machthaber richtete sich nicht nur auf das öffentliche Leben. Der Zugriff erfolgte auch in den privaten Bereich. Alle gesellschaftlichen Gruppen und Vereinigungen im sogenannten vorpolitischen Raum, beispielsweise Sport- und Gesangsvereine, wurden entweder aufgelöst oder unter den Einfluss der Nationalsozialisten gebracht. Durch zahlreiche Neben- und Anschlussorganisationen sollte eine möglichst **lückenlose Erfassung** der Bevölkerung erfolgen.

Die Erfassung der Bevölkerung reichte auch bis in den Freizeitbereich. Zu der bedeutendsten Einrichtung der DAF entwickelte sich die NS-Gemeinschaft **„Kraft durch Freude“** (KdF). Sie hatte die Aufgabe einer umfassenden Freizeitgestaltung für die Arbeitnehmer. So wurden Ferienreisen veranstaltet und zu diesem Zweck Passagierschiffe und Feriensiedlungen gebaut. Die Veranstaltungen dienten zum einen der Erholung der Arbeitnehmer und damit der Stärkung ihrer Leistungsfähigkeit, zum anderen ermöglichten sie die politisch-erzieherische Beeinflussung auch im Freizeitbereich. Hinzu kam, dass sie propagandakräftig in Szene gesetzt wurden und ihre Wirkung nicht verfehlten. Ein Kommentator der Prager Exil-SPD formulierte 1937 kritisch: „Die Erfahrung der letzten Jahre hat leider gelehrt, dass die spießbürgerlichen Neigungen eines Teils der Arbeiter größer sind, als wir uns früher eingestehen wollten.“[15]

Zu den Einrichtungen, die jeder Deutsche durchlaufen musste, gehörte der Arbeitsdienst. 1935 wurde durch ein Gesetz die Dienstpflicht eingeführt und der „Reichsarbeitsdienst“ (RAD) als staatliche Organisation errichtet. Mit dem Erreichen des 18. Lebensjahres begann für alle die sechs Monate dauernde Arbeitsdienstpflicht, die in militärischen Lagern durchgeführt wurde. Das Gesetz wurde zunächst nur auf männliche Jugendliche angewandt, die Verpflichtung junger Frauen wurde erst im Lauf der folgenden Jahre schrittweise durchgesetzt. Die Männer wurden zu Erd- und Forstarbeiten sowie beim Straßenbau eingesetzt, die Frauen zumeist in der Landwirtschaft.

Nach Beginn des Zweiten Weltkriegs wurde der größte Teil der Männer im Anschluss an den Arbeitsdienst zum Kriegsdienst eingezogen.

15 Zitiert nach Norbert Frei: Der Führerstaat. Nationalsozialistische Herrschaft 1933 bis 1945. München 1997, S. 98.

## Frauen im Dritten Reich

„Das Kind adelt die Mutter" – rückseitige Gravur des Mutterkreuzes.

In „Mein Kampf" bestimmte Hitler den Wert der Frauen für den „völkischen Staat" allein unter dem Aspekt ihrer Gebärleistungen und ihres Einsatzes für die Familie. Die NS-Ideologie entwickelte daher auch kein Frauenbild, sondern ein Mutterideal. Sichtbarster Ausdruck des „Mutterkults" war das „Ehrenkreuz der Deutschen Mutter". In Anlehnung an die Ehrenkreuze für Kriegsteilnehmer konnten Frauen das **„Mutterkreuz"** in Bronze, in Silber oder in Gold erhalten. 1935 wurde der Muttertag zum nationalen Feiertag erklärt.
Organisationen wie die „Nationalsozialistische Frauenschaft" (NSF) und das „Deutsche Frauenwerk" trugen viel zur Verbreitung des nationalsozialistischen Ideals der weiblichen Aufopferung bei. Für berufstätige Frauen galten pflegerische, soziale und landwirtschaftliche Dienste, jedoch keine leitenden, akademischen oder naturwissenschaftlichen Berufe als akzeptabel. Die Volksschulausbildung der Mädchen konzentrierte sich auf ihre künftige Rolle. Sie wurden vor allem in Säuglings- und Krankenpflege, Nähen und Hauswirtschaft unterrichtet.[16]

Im Krieg wurden Familien- und Frauenpolitik den Zwängen der Kriegswirtschaft untergeordnet. Jedoch wurde das weibliche Arbeitskräftepotenzial nicht wie in anderen Ländern, beispielsweise Großbritannien, ausgeschöpft. Die relative Schonung der deutschen Frauen beim Arbeitseinsatz in der Rüstungsindustrie kompensierte das Regime durch die Ausbeutung von Millionen männlicher und weiblicher Arbeitssklaven aus den besetzten Ländern. Nach den Vorstellungen Himmlers sollte jeder SS-Mann mindestens vier Kinder zeugen, da die SS die Elite des „Herrenvolkes" sei. Dabei spielte es keine Rolle, ob dies ehelich oder nichtehelich geschah. Zur Umsetzung dieses rassistischen Zuchtkonzepts wurde 1935 der **„Lebensborn"** als eingetragener Verein gegründet, in dessen Heimen „rassisch und erbbiologisch wertvolle werdende Mütter" ihre Kinder zur Welt bringen sollten. In insgesamt 13 Heimen wurden bis 1944 ca. 11 000 Kinder geboren, vor 1940 sollen etwa 80 Prozent davon unehelich gewesen sein.[17]

16 Wolfgang Benz,(Hrsg.): Legenden Lügen Vorurteile. München 1990, S. 150.
17 Hilde Kammer, Elisabeth Bartsch: Nationalsozialismus. Begriffe aus der Zeit der Gewaltherrschaft 1933–1945. Reinbek bei Hamburg 1992, S. 117.

Hitler zeigte sich bei offiziellen Anlässen gern als besonderer Freund der Kinder. Die kinderreiche Familie sollte dem Staat als Basis künftiger Expansionen dienen. Die Frau war ganz auf ihre Mutterrolle reduziert: Der NS-Staat verwehrte ihr unmittelbaren politischen Einfluss, das passive Wahlrecht und schloss sie soweit wie möglich aus dem Berufsleben, vor allem aus leitenden Positionen, aus.

## Jugend im Dritten Reich

In besonderer Weise bemühten sich die Nationalsozialisten, die Jugend für den Staat zu gewinnen. Dies geschah durch mehrere Maßnahmen. Zum einen ging das NS-Regime sehr schnell daran, nach der Machtübernahme den Totalitätsanspruch im außerschulischen Bereich durch die Ausschaltung und Gleichschaltung aller jugenderzieherischen Institutionen und Organisationen, ausgenommen die erst später endgültig verbotenen katholischen Jugendbünde, umzusetzen. Den Monopolanspruch als zusätzliche Sozialisationsinstanz, neben Schule und Familie, setzte das Regime mit dem **„Gesetz über die Hitler-Jugend“** vom 1. Dezember 1936 um. Dieses bestimmte die HJ zur Staatsjugend. Damit wurde gleichzeitig die Hitlerjugend zu einer Massenorganisation. Starr reglementiert war die Aufteilung in verschiedene Unterorganisationen: Das „Deutsche Jungvolk“ (DJ) in der HJ erfasste die zehn- bis 14-jährigen Jungen, die eigentliche „Hitler-Jugend“ umfasste die 14- bis 18-jährigen Jungen. Parallel dazu lief die Unterorganisation der „Jungmädel“ (JM) in der HJ für die zehn- bis 14jährigen Mädchen. Der „Bund Deutscher Mädel“ **(BDM)** erfasste die 14- bis 21-jährigen Mädchen, darunter die 18- bis 21-jährigen im BDM-Werk „Glaube und Schönheit“. Im Jahre 1938 belief sich die Anzahl der Mitglieder auf ca. 8,7 Millionen.

1932 zählten die Jugendorganisationen der NSDAP, die Hitler-Jugend (HJ) mitsamt dem Bund Deutscher Mädel (BDM), rund 100 000 Mitglieder. 1933 waren es schon mehr als zwei Millionen; 1936, nachdem die HJ per Gesetz zur „Staatsjugend“ erklärt worden war, zählte sie 5,4 Millionen Mitglieder. Knapp vier Jahre später war die Mitgliedschaft Pflicht.

Die Aktivitäten der HJ reichten von einer vormilitärischen Ausbildung („Wehrertüchtigungslager“) nach dem Befehlsprinzip bis zur Freizeitgestaltung. Die Mädchen wurden dazu angehalten, viel Sport zu treiben, um einen gesunden gebärfähigen Körper zu trainieren. Gegen Kriegsende befahl das Regime den Einsatz der Minderjährigen im **„Volkssturm“**. Ab 1940 wurde die Mitgliedschaft in der HJ oder dem „Bund deutscher Mädel“ für alle Pflicht.[18]

Die Jugendlichen reagierten auf die Inanspruchnahme und Reglementierung durchaus unterschiedlich. Manche waren mit Begeisterung dabei, andere empfanden bald einen gewissen Überdruss gegen die **Disziplinierung** und die pausenlose politische Berieselung. Der totalitäre Erziehungsanspruch stieß in Großstädten bei einigen Jugendlichen auf Widerspruch und führte bisweilen zu einem **nonkonformistischen Verhalten**. Die besonders in Hamburg anzutreffende bürgerliche „Swing-Jugend“ oder die „Edelweißpiraten“ am Rhein und im Ruhrgebiet waren Versuche, Selbstbestimmung und Individualität gegenüber der uniformistischen Hitlerjugend durchzusetzen.

Die Swing-Jugend nutzte jede Gelegenheit, Jazz- und Swingstücke zu hören, sei es auf Schallplatte oder von gastierenden Bands. Anfangs konnten die Veranstaltungen noch öffentlich durchgeführt werden, später wurden sie verboten. Ende der Dreißiger Jahre tauchten im Westen des Reiches die ersten „Edelweißpiraten“ auf. Ihren Namen erhielten sie durch ihr Abzeichen, das sie an der Kleidung trugen. Sie trafen sich zu Wochenendfahrten in die umliegenden Naherholungsgebiete, wo sich Gruppen aus der ganzen Region trafen, zelteten, sangen, diskutierten und zusammen Kontrollgruppen des HJ-Streifendienstes „verkloppten“.

**18** Arno Klönne: Jugend im Dritten Reich. In: Bracher, Funke, Jacobsen: Deutschland 1933–45, S. 227.

## Zwangsarbeiter

Der Begriff „Zwangsarbeiter“ umfasst **unterschiedliche Personengruppen**. Im Jahr 1944 stellten die ausländischen Zwangsarbeiter, dazu zählt man Zivilarbeiter, Kriegsgefangene, KZ-Häftlinge und jüdische Arbeitskräfte, etwa ein Viertel der in der Gesamtwirtschaft des Deutschen Reiches Beschäftigten. Auf dem Gebiet des „Großdeutschen Reiches“ waren 7,6 Millionen ausländische Arbeitskräfte, die man größtenteils unter Zwang zum Arbeitseinsatz gebracht hatte, beschäftigt: 5,7 Millionen Zivilarbeiter und knapp zwei Millionen Kriegsgefangene. 2,8 Millionen von ihnen stammten aus der Sowjetunion, 1,7 Millionen aus Polen, 1,3 Millionen aus Frankreich; insgesamt waren Menschen aus fast zwanzig europäischen Ländern im Reich zur Arbeit eingesetzt.

Bewusst wurden Zwangsarbeiter für „gesundheitsgefährdende“ Arbeiten eingesetzt, der Tod der Menschen wurde dabei einkalkuliert. Das Foto von 1944 zeigt belgische Zwangsarbeiter, die eine Bombe entschärfen.

Der nationalsozialistische „Ausländereinsatz“ zwischen 1939 und 1945 stellte damit den größten Fall des massenhaften, zwangsweisen Einsatzes von ausländischen Arbeitskräften in der Geschichte seit dem Ende der Sklaverei im 19. Jahrhundert dar.

Spätestens seit den militärischen Rückschlägen der Wehrmacht in der Sowjetunion war die **deutsche Rüstungswirtschaft** auf die Beschäftigung von ausländischen Zwangsarbeitern angewiesen. Ohne sie hätte weder die Rüstungsproduktion aufrecht erhalten und damit der Krieg weitergeführt werden können, noch die deutsche Bevölkerung auf dem bis 1944 vergleichsweise hohen Niveau ernährt werden.[19]

19 Ulrich Herbert: Das Millionenheer des modernen Sklavenstaats. In: FAZ vom 16. März 1999, Nr. 63.

In den rüstungsintensiven Branchen lag der Anteil der Zwangsarbeiter über 40, teilweise 50 Prozent, in vielen Fertigungsbereichen bei bis zu 80 Prozent. In diesen Betrieben übernahmen die Deutschen außer der Verwaltung nur noch die Funktion des Anlernens und Aufpassens. Besonders hoch waren die Anteile ausländischer Zwangsarbeiter daneben im Baubereich sowie in der Landwirtschaft. Lohn erhielt lediglich die Personengruppe der Zivilarbeiter, zumindest auf dem Papier. Häufig wurden gar keine Löhne ausgezahlt.
Angesichts dessen ist der Anspruch auf eine Entschädigung für Zwangsarbeiter mehr als angemessen. Doch die Zeit drängte, denn das Durchschnittsalter der damals eingesetzten Zwangsarbeiter lag bei 20 Jahren. Im August 2000, 55 Jahre nach Kriegsende, verabschiedete der Deutsche Bundestag das Gesetz zur Errichtung der Stiftung „Erinnerung, Verantwortung und Zukunft", das individuelle und humanitäre Zahlungen an ehemalige Zwangsarbeiter und andere Opfer des Nationalsozialismus vorsieht. Das Vermögen der Stiftung in Höhe von zehn Milliarden DM wurde zur Hälfte aus Mitteln der Stiftungsinitiative der deutschen Wirtschaft und des Bundes zur Verfügung gestellt. Im Juni 2007 wurden die Zahlungen an noch lebende ehemalige Zwangsarbeiter abgeschlossen. Insgesamt wurden mehr als 4,37 Mrd. Euro an 1,665 Mio. ehemalige Zwangsarbeiter und deren Rechtsnachfolger in über 100 Ländern ausgezahlt. Bundespräsident Köhler hob beim Festakt hervor: „Opfer von Verbrechen können mit Geld nicht wirklich ‚entschädigt' werden". Sie erhielten aber „wenigstens eine symbolische materielle Entschädigung" sowie „eine öffentliche Anerkennung ihres Schicksals als Opfer des Nationalsozialismus".

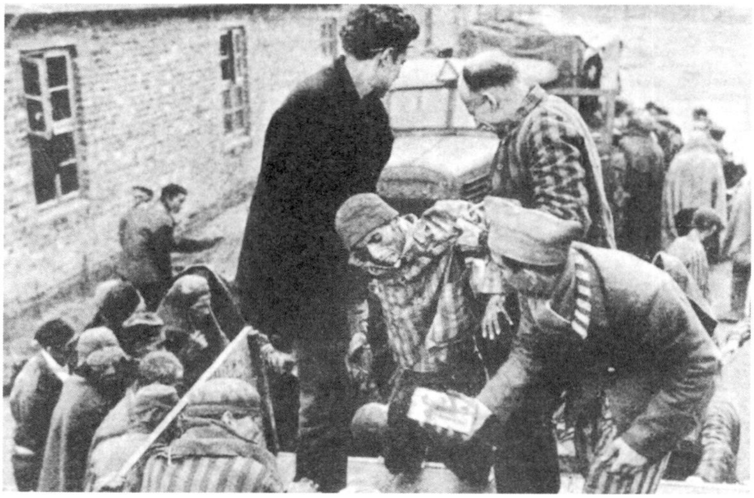

Zusätzlich zu dem unmenschlichen Arbeitseinsatz, litten Zwangsarbeiter unter katastrophalen hygienischen Verhältnissen, Unterernährung und waren den brutalen Strafen des Wachpersonals ausgesetzt. Diese Aufnahme zeigt die Befreiung eines völlig ausgemergelten und entkräfteten „Sklavenarbeiters" aus dem KZ.

# Nationalsozialistische Außenpolitik bis 1939

## Die Frage nach der Kontinuität

In ihrer Zielsetzung folgte die NS-Außenpolitik in den ersten Jahren weitaus traditionellen Vorstellungen und war keineswegs von revolutionären Neuansätzen geprägt. Maßgabe blieb die **Revision** der im **Versailler Vertrag** fixierten Einschränkungen Deutschlands. Die Haupthypothek, die finanzielle Belastung des Haushaltes durch Reparationszahlungen, war der nationalsozialistischen Regierung bereits abgenommen worden. Auf der **Konferenz von Lausanne** (Juni/Juli 1932), an der alle von der Reparationsfrage betroffenen Länder beteiligt waren, verzichteten die Gläubiger Deutschlands auf weitere Zahlungen. Vereinbart wurde eine geringfügige und eher symbolisch gemeinte Abschlusszahlung, die überdies nie geleistet wurde. Über die Frage der Kontinuität in der deutschen Außenpolitik urteilt der Historiker Ian Kershaw: „Die **Kontinuität** in der deutschen Außenpolitik ist auch nach 1933 offensichtlich; sie bildete einen Teil der Grundlage für die weitreichende, zumindest bis 1937/38 zwischen den konservativen Eliten und der Naziführung bestehende Interessenidentität, die ihre Wurzeln in der Verfolgung einer traditionellen, auf die Erlangung der Hegemonie in Mitteleuropa gerichteten deutschen Machtpolitik hatte. Gleichzeitig gehörten zu den unverwechselbaren Kennzeichen der deutschen Außenpolitik nach 1933 aber auch wichtige diskontinuierliche Entwicklungsstränge und eine unbestreitbare Dynamik, sodass man mit Recht spätestens ab 1936 von einer in Europa stattfindenden „diplomatischen Revolution“ sprechen kann. Die folgenden Ausführungen verdeutlichen, dass es in der europäischen Politik zu einer Verschiebung der Machtkonstellationen kam.[20]

## Hitlers Doppelstrategie

Die Schwäche und Isolierung des Deutschen Reiches bei Hitlers Machtantritt geboten zunächst vorsichtiges Taktieren. Es galt, innenpolitische Krisen der misstrauischen Nachbarn auszunutzen, um Deutschlands Handlungsspiel-

**20** Ian Kershaw: Der NS-Staat. Geschichtsinterpretationen und Kontroversen im Überblick. Reinbek bei Hamburg 1999, S. 230.

raum zu erweitern, ohne dabei dem Ausland einen von der Welt moralisch gerechtfertigten Anlass zur Intervention oder gar militärischen Prävention zu liefern. Hitler verknüpfte geschickt die nationalen Eigeninteressen der potenziellen Gegner Deutschlands, die allgemeine Abneigung gegen einen neuen Krieg und die international postulierte Gleichberechtigung als Fundament kollektiver Sicherheit. Gezielte **Vertragsbrüche** waren Bestandteil der Doppelstrategie. Seine Überraschungsschläge und Vertragsbrüche offerierte Hitler stets mit Angeboten, die der Welt immer wieder die Hoffnung gaben, seinen Ehrgeiz letztlich doch friedlich, durch Verhandlungen, ruhig stellen zu können. Vor der Weltöffentlichkeit gab sich Hitler in den ersten Monaten seiner Herrschaft **staatsmännisch**. So bat er italienische, amerikanische und englische Journalisten, seine neue Regierung nicht an radikalen Worten, sondern an ihren Taten zu messen („Niemand wünscht mehr Frieden als ich!"). Frankreich beruhigte er mit dem Hinweis, die Elsass-Lothringen-Frage existiere nicht mehr. Rom versicherte er, nicht den Anschluss Österreichs anzustreben. Polen gegenüber erklärte er den Verzicht auf gewaltsame Lösungen. Im Januar 1934 unterzeichneten Deutschland und Polen einen Nichtangriffspakt auf zehn Jahre. So folgte er der in einer Kabinettssitzung (7. April 1933) formulierten Maxime, „außenpolitische Konflikte so lange zu vermeiden, bis wir erstarkt sind".[21]

Fotomontage von John Heartfield vom 1. Juni 1933.

Intern sahen die Vorgaben anders aus. Bereits am 3. Februar 1933 legte Hitler in einer Geheimrede vor den Befehlshabern der Reichswehr seine Vorstellung vom Lebensraum im Osten und dessen Germanisierung dar: „Vielleicht Erkämpfung neuer Export- Mögl., vielleicht – und wohl besser – Eroberung neuen Lebensraums im Osten und dessen rücksichtslose Germanisierung."[22]

21 Manfred Funke: Großmachtpolitik und Weltmachtstreben. In: Broszat, Frei (Hrsgg.): Das Dritte Reich im Überblick, S. 39.
22 Wolfgang Michalka (Hrsg.): Deutsche Geschichte 1933–1945. S. 16.

Und die Niederschrift der Ministerbesprechung vom 7. April 1933 hält als Ausführung des Außenministers Neurath fest: „Unser Hauptziel bleibt die Umgestaltung der Ostgrenze. Es kommt nur eine totale Lösung in Frage."[23]

Hinsichtlich der Zielsetzung Hitlers Außenpolitik streiten sich **„Kontinentalisten"** und **„Globalisten"** über sein „Endziel". Während die „Globalisten" das Streben nach totaler Weltherrschaft in Hitlers Außenpolitik erkennen, betonen die „Kontinentalisten", dass sich seine expansionistischen Pläne „nur" auf Europa beschränkt hätten. Beiden Positionen ist jedoch gemeinsam, dass sie Hitlers Weltbild als grundlegend und wichtig für die Antriebsmotive der NS-Außenpolitik erachten. So sind Weltmachtstellung, Rassismus und die Vorstellung vom „Volk ohne Raum" die bestimmenden Größen.[24]

## Erfolge und Fehlschläge

Am 14. Oktober 1933 trat Deutschland aus der Genfer Abrüstungskonferenz aus und **verließ den Völkerbund**. Dieser Rückzug war angesichts des in der Bevölkerung allgemein akzeptierten Aufrüstungsengagements eine logische Konsequenz. In einer Volksabstimmung begrüßten 88 Prozemt der Deutschen diesen Schritt. Hitler handelte hier in fast völliger Übereinstimmung mit führenden Diplomaten, der Reichswehrführung und den anderen nach Revision strebenden Kräften im Land.

Das Doppelspiel von Friedensbeteuerung und Aufrüstung erhielt aber auch empfindliche Rückschläge. Der „Röhm-Putsch" und die **Ermordung des österreichischen Bundeskanzlers Dollfuß** beim Wiener NS-Putsch am 25. Juli 1934 fügten dem internationalen Ansehen der NS-Regierung einigen Schaden zu.[25] Die von den deutschen Nationalsozialisten betriebene Politik der Unterstützung der österreichischen Nazis, die das Ziel hatten, Österreich von innen zu unterwandern, erwies sich als verheerender Fehlschlag und wurde umgehend beendet. Die österreichische Frage, eine Angliederung Österreichs an das Deutsche Reich, wurde im außenpolitischen Denken bis 1937 dadurch dominiert, die Beziehungen zu Italien zu verbessern.

Die **„Heimkehr" des Saarlands** am 1. März 1935 fiel der Reichsregierung wie eine reife Frucht in den Schoß. Gemäß den Vereinbarungen des Versailler

23 Zitiert nach Manfred Funke: Großmachtpolitik und Weltmachtstreben. In: Broszat, Frei (Hrsgg.): Das Dritte Reich im Überblick, S. 38.

24 Ian Kershaw: Der NS-Staat. Geschichtsinterpretationen und Kontroversen im Überblick. Reinbek bei Hamburg 1999, S. 211 f.

25 Manfred Funke: Großmachtpolitik und Weltstreben, In: Broszat, Frei (Hrsgg.): Das Dritte Reich im Überblick, S. 140.

Vertrags fand am 13. Januar 1935 eine Wahl unter internationaler Kontrolle statt. In ihr stimmten 90,6 Prozent der Saarländer für die Rückgliederung an das Deutsche Reich. Das Ergebnis bedeutete zudem einen enormen internationalen Prestigegewinn für das NS-Regime.

## Aufrüstungspolitik und Vertragsbrüche

Am 16. März 1935 verkündete die Reichsregierung die Einführung der **allgemeinen Wehrpflicht**. Sie hob damit einseitig die wichtigste der militärischen Bestimmungen des Versailler Vertrags, die Begrenzung der Armee auf 100 000 Mann, auf und legte die künftige Friedenspräsenzstärke der neuen Wehrmacht auf 550 000 Soldaten fest. Zugleich verkündete sie den Aufbau einer deutschen Luftwaffe. Im **deutsch-britischen Flottenabkommen** vom 18. Juni 1935 erklärte sich Großbritannien mit einer Stärke der deutschen Kriegsmarine einverstanden, die bis zu 35 Prozent der britischen erreichte. Beim Bau von Unterseebooten wurde Deutschland sogar Parität eingeräumt. Damit beseitigte Hitler eine weitere Vertragsbestimmung von Versailles, diesmal sogar mit Zustimmung einer Siegermacht. Diese Zugeständnisse überstiegen sogar für lang e Zeit beträchtlich die Baukapazitäten der deutschen Werften. So war die vertragswidrige deutsche Aufrüstung de facto sanktioniert. Weiterreichende Hoffnungen, die Hitler mit dem Flottenabkommen verband, ein Bündnis mit London zu deutschen Bedingungen und eine Teilung der deutsch-britischen Interessensphären, erfüllten sich aber nicht.[26]

1936 konzentrierte sich das Interesse der Weltöffentlichkeit auf den Abessinien-Konflikt, den Mussolini im Oktober 1935 begonnen hatte. Als der Duce, durch die Lage auf dem afrikanischen Kriegsschauplatz bedrängt, erkennen ließ, dass Italien als Garantiemacht der Locarnoverträge sich einem deutschen **Einmarsch ins Rheinland** nicht widersetzen würde, ließ Hitler am 7. März die entmilitarisierte Zone besetzen. Gleichzeitig kündigte Deutschland einseitig die Locarno-Verträge von 1925 auf.

**26** Bernd Jürgen Wendt: Deutschland 1933–1945. Das Dritte Reich. Handbuch zur Geschichte. Hannover 1995, S. 397.

## Formierung der neuen Bündniskonstellation

Das von Hitler erhoffte Einvernehmen mit Großbritannien stellte sich auch in der Folgezeit nicht ein. Dagegen kam es zu einer Annäherung zwischen dem Reich und Italien durch den am 25. Oktober 1936 geschlossenen Vertrag über eine deutsch-italienische Kooperation, welche Mussolini am 1. November als **„Achse Berlin-Rom“** bezeichnete. Diese Zusammenarbeit zwischen den beiden Diktatoren verschob das Gleichgewicht in Mitteleuropa weiter zu Gunsten Deutschlands. Die 1935 auf der Konferenz von Stresa gegen die deutschen Aufrüstungspläne gerichtete Konstellation aus Italien, Frankreich und Großbritannien, die als Reaktion auf die Wiedereinführung der Wehrpflicht in Deutschland gebildet worden war, hatte bereits durch das britisch-deutsche Flottenabkommen Risse gezeigt. Das Bündnis zwischen Hitler und Mussolini löste Italien nun endgültig aus der antideutschen Front.

Am 25. November 1936 schloss Deutschland mit Japan den sogenannten **„Antikominternpakt“**, dem Italien im November 1937 beitrat. Das Bündnis ist nach den Vertragsklauseln („Abwehr gegen die kommunistische Internationale“) benannt, in denen sich die Vertragspartner zur politisch-ideologischen Bekämpfung des Kommunismus verpflichteten. Zu diesem Zeitpunkt war die politische Initiative auf die Seite der revisionistischen Mächte übergegangen, während die an der Bewahrung des Status quo orientierten Staaten keine gemeinsame Strategie gegen die von dort ausgehende Bedrohung zu entwickeln vermochten.[27]

Im **spanischen Bürgerkrieg** (1936–1939) unterstützte das nationalsozialistische Deutschland zusammen mit Italien den faschistischen General Franco mit kompletten militärischen Einheiten, was letztlich den Krieg zugunsten der spanischen Faschisten im Frühjahr 1939 entschied. Die deutsche Wehrmacht nutzte den spanischen Bürgerkrieg zur Erprobung der noch jungen deutschen Luftwaffe unter kriegsmäßigen Bedingungen. Die „Legion Condor“ machte die baskische Provinzstadt Guernica (26. April 1937) dem Erdboden gleich. Dabei wurden erstmals flächendeckende Brandbomben eingesetzt.

27 Marie-Luise Recker: Vom Revisionismus zur Großmachtstellung. Deutsche Außenpolitik 1933 bis 1939. In: Bracher, Funke, Jacobsen (Hrsgg.): Deutschland 1933–1945, S. 323.

## „Wendejahr“ 1937

In einer Besprechung in der Reichskanzlei am 5. November 1937 eröffnete Hitler den Spitzen der Wehrmacht und des Auswärtigen Amtes die nächsten Schritte seiner Außenpolitik. Durch das sogenannte **Hoßbach-Protokoll,** der Gedächtnismitschrift von Hitlers Wehrmachtsadjutant Friedrich Hoßbach, ist bekannt, dass Hitler vor diesem ausgewählten Kreis für 1938 die Annexion Österreichs und der Tschechoslowakei ankündigte, falls die internationale Lage günstig sei. Damit war eindeutig der Schritt zur **internationalen Expansion** eingeschlagen, bei der auch **kriegerische Mittel zur Durchsetzung der Ziele** nicht mehr gescheut wurden. Gegenüber den Positionen der „traditionellen“ Kräfte an der Spitze der deutschen Außenpolitik gingen Hitlers Ausführungen in ihrer geografischen Zielsetzung deutlich hinaus. Hitlers Äußerungen führten drei Monate später zu personellen Veränderungen, die den Wechsel in der deutschen Außenpolitik erkennen ließen. Im Zuge der sogenannten Blomberg-Fritsch-Krise – Reichskriegsminister von Blomberg und der Oberbefehlshaber des Heeres, von Fritsch, hatten sich kritisch zu Hitlers Expansionsplänen geäußert und mussten ihre Posten räumen – übernahm Hitler am 4. Februar 1938 selbst den Oberbefehl über die Wehrmacht. Außerdem besetzte er führende Positionen mit ihm ergebenen Männern. Am selben Tage wurde der bisherige Außenminister von Neurath durch Joachim von Ribbentrop ersetzt.

## Der „Anschluss“ Österreichs und die Sudetenkrise

Nach dem Ersten Weltkrieg befassten sich deutsche und österreichische Politiker immer wieder mit der Idee eines Anschlusses der österreichischen an die deutsche Republik. Der tatsächliche „Anschluss“ verlief dann nach demselben Schema wie die „Machtergreifung“ und die „Gleichschaltung“ in Deutschland. Im Februar 1938 forderte Hitler eine Beteiligung der Nationalsozialisten an der österreichischen Regierung und für sie vor allem das Innenministerium. Im dem unter Druck zustande gekommenen **„Berchtesgadener Abkommen“** mit dem österreichischen Bundeskanzler wurde die Unterwerfung im Einzelnen festgehalten. Zudem hatte Hitler von Mussolini die grundsätzliche Zustimmung zu einer Angliederung erhalten. Um eine nationalsozialistische Machtübernahme zu verhindern, trat der österreichische Bundeskanzler Kurt Schuschnigg die Flucht nach vorn an und leitete eine mangelhaft vorbereitete Volksabstimmung über die Unabhängigkeit Österreichs ein. Dies brachte Hitler unter Zugzwang. Ultimativ forderte er am 11. März 1938 die Einsetzung des Nationalsozialisten Seyß-Inquart zum österreichischen Bundeskanzler.

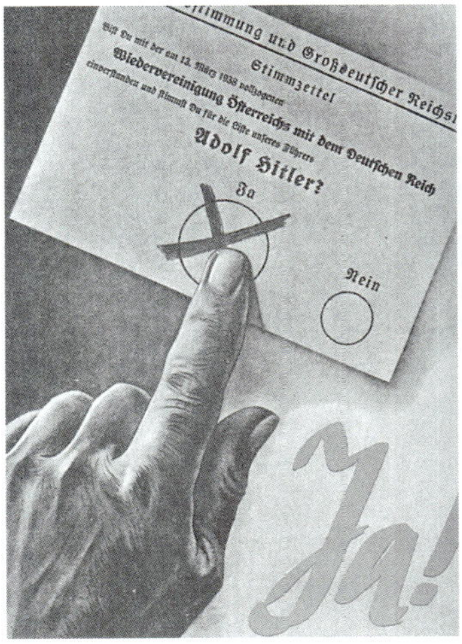

Den „Anschluss“ Österreichs nutzte die NS-Propaganda um Hitler – hier bei seinem Einzug in Wien – als „Schöpfer Großdeutschlands“ zu glorifizieren.

Einen Tag später, am 12. März 1938, marschierten deutsche Truppen in Österreich ein, die von der jubelnden Bevölkerung mit Blumen begrüßt wurden. Das Plebiszit über die staatsrechtliche Angliederung Österreichs am 10. April 1938 brachte mit mehr als 99 Prozent einen überwältigenden Erfolg für Hitler.

Auch in der „Sudetenkrise“ machte sich Hitler äußere Umstände zunutze. So veranlasste er den von Berlin unterstützten Führer der Sudetendeutschen Partei, Konrad Henlein, zu immer höheren Forderungen mit dem Hinweis auf das Selbstbestimmungsrecht der deutschen Minderheit in der Tschechoslowakei gegenüber der Regierung in Prag. Ende Mai befahl Hitler, den Einmarsch der Wehrmacht in die Tschechoslowakei für den 1. Oktober 1938 vorzubereiten. Anfang August berichtete die deutsche Propaganda über „tschechische Gräuel und Kriegstreiberei“ und forderte die „Heimholung der Sudetendeutschen ins Reich“. Am 15. September 1938, auf dem Nürnberger Parteitag, drohte Hitler mit dem Einmarsch in die Tschechoslowakei. In diesen Tagen höchster Anspannung, die Europa erstmals nach 1914 wieder an den Rand eines Krieges führten, bereiteten Mussolini und das Auswärtige Amt hinter dem Rücken Hitlers eine Konferenz vor: Im **„Münchener Abkommen“** vom 30. September 1938 vereinbarten Hitler, Mussolini, Chamberlain und Daladier die Abtretung des Sudetengebiets der Tschechoslowakei an Deutschland zum 1. Oktober sowie weitere tschechische Gebietsabtretungen an Polen und Ungarn. Die tschechische Regierung war bei den Verhandlungen nicht vertreten. Die dem tschechoslowakischen „Rumpfstaat“ als Kompensation für seine ihm abgepresste „Konzession“ zugesagte internationale Garantie seiner Staatsgrenzen durch die „Großen Vier“ von München wurde offiziell nie ausgesprochen.[28]

**28** Bernd Jürgen Wendt: Deutschland 1933–1945. Das Dritte Reich. Hannover 1995, S. 437.

Göring, Chamberlain, Mussolini, Dolmetscher, Hitler und Daladier auf dem Münchener Abkommen. Erbittert verfolgten die Prager den Einmarsch deutscher Truppen in die Tschechoslowakei am 15. 3. 1939.

Die **Bewertungen des „Münchener Abkommens“** fallen unterschiedlich aus. Marie-Luise Recker meint, mit dieser Regelung hätte das Deutsche Reich einen bedeutenden Erfolg errungen. Die anderen europäischen Mächte hätten den deutschen Forderungen nachgegeben und die deutsche Großmachtpolitik eindrucksvoll unterstrichen.[29] Dagegen betont der Historiker Berndt Jürgen Wendt, Hitler habe hinter der Fassade des Erfolgs, gemessen an seinem ursprünglichen Ziel einer Vernichtung der Tschechoslowakei, vorerst erheblich zurückstecken müssen und einen „ersten außenpolitischen Rückschlag“ erlitten. Vor allem habe er hinnehmen müssen, dass sein „Achsenfreund“ Mussolini in engem Zusammenspiel mit den Briten eine kollektive Regelung am „runden Tisch“ in München erzwungen und die Londoner Regierung erfolgreich zumindest ihr Mitspracherecht an einer kontinentalen Angelegenheit habe durchsetzen können.[30]

Seit Sommer 1938 berieten hohe Offiziere um Generaloberst Beck über die Verhinderung eines Krieges. Die für den 28. September geplante Verhaftung Hitlers wurde durch das Münchener Abkommen überholt. Die Gestapo berichtete über Kriegsfurcht und Regimekritik in der Bevölkerung.[31]

**29** Marie-Luise Recker: Vom Revisionismus zur Großmachtstellung. Deutsche Außenpolitik 1933 bis 1939. In: Bracher, Funke, Jacobsen (Hrsgg.): Deutschland 1933–1945, S. 327.

**30** Bernd Jürgen Wendt: Deutschland 1933–1945. Das Dritte Reich. Handbuch zur Geschichte. Hannover 1995, S. 438.

**31** Martin Broszat, Norbert Frei (Hrsgg.): Das Dritte Reich im Überblick. Chronik Ereignisse Zusammenhänge. München, S. 247.

## Die Appeasement-Politik und ihr Ende

Die Appeasement-Politik war der Versuch der britischen Regierung unter **Premierminister Chamberlain**, den Frieden durch internationale Entspannung zu stabilisieren. Sie ist vor dem Hintergrund der innen- und außenpolitischen Situation Großbritanniens (Strukturschwäche der Wirtschaft, hohe Arbeitslosigkeit, nachlassende Finanzkraft, Desintegrationstendenzen innerhalb des Empires) einzuordnen und war das Bemühen, mithilfe einer Doppelstrategie sowohl die Welthandels- als auch die Weltmachtposition des Empires aufrecht zu erhalten. Daher war die britische Regierung auch auf der Konferenz von München bereit, Hitler gegenüber Zugeständnisse zu machen. Innerhalb der britischen Bevölkerung fand die Appeasement-Politik starken Rückhalt. Die Kriegsneigung war in der Bevölkerung sehr gering, und ein Aufrüstungsprogramm war ihr nicht vermittelbar.

Unter dem Bruch des Münchener Abkommens marschierten am 15. März 1939 deutsche Truppen in Prag ein und besiegelten damit das Ende der nur wenige Monate zuvor in München verabredeten europäischen Ordnung. Das errichtete **„Protektorat Böhmen und Mähren“** wurde mit einer nur sehr beschränkt selbstständigen Regierung unter die Oberhoheit und den angeblichen Schutz – unter das Protektorat – des Deutschen Reiches gestellt. Einige Tage später stellte sich die **Slowakei** auch unter den „Schutz“ des Deutschen Reiches und gab ihre Selbstständigkeit auf. Unter politischem Druck gab **Litauen** am 22. März das Memelgebiet an das Deutsche Reich zurück.

Unmittelbar nach der Besetzung Prags nahm der deutsche Druck auch auf Polen zu. Die **britisch-französische Garantieerklärung für Polen** vom 31. März 1939, als Reaktion auf die Errichtung des „Reichsprotektorats Böhmen und Mähren“ und die Zerschlagung der Rest-Tschechei, bedeutete die **Aufgabe der Appeasement-Politik**. Im August 1939 wurde ein britisch-polnischer Bündnisvertrag unterzeichnet.

## Hitler und die Sowjetunion

Während in den ersten Monaten der NS-Herrschaft die relativ guten Beziehungen zur Sowjetunion noch aufrecht erhalten wurden, vertrat Hitler bald darauf eine konsequent antisowjetische Politik. Dies entspricht einer Kehrtwendung gegenüber der vornationalsozialistischen Außenpolitik und eine Aufgabe der zu beiderseitigen Nutzen geschlossenen Verträge von **Rapallo** (1922) und Berlin (1926). Das Antriebsmoment für den Kurswechsel findet sich in der NS-Ideologie. Analysiert man die ideologisch bestimmende Komponente, die Phrase vom **„Lebensraum im Osten"**, näher, wird die Bedeutung konkret: Krieg gegen die Sowjetunion; auch wenn der Weg nicht vorgezeichnet war. Die Äußerungen und Anordnungen Hitlers im Zeitraum von 1933 bis 1941 sind mit der Deutung vereinbar, dass er davon überzeugt war, es würde zu einem solchen Krieg kommen. Programmatisch verfügte Hitler bereits in „Mein Kampf": „Wir schließen endlich ab die Kolonial- und Handelspolitik der Vorkriegszeit und gehen über zur Bodenpolitik der Zukunft. Wenn wir aber heute in Europa von neuem Grund und Boden reden, können wir in erster Linie nur an Russland und die ihm untertanen Randstandstaaten denken." Und an anderer Stelle heißt es: „Das Riesenreich im Osten ist reif zum Zusammenbruch. Und das Ende der Judenherrschaft in Russland wird auch das Ende Russlands als Staat sein. Wir sind vom Schicksal ausersehen, Zeugen einer Katastrophe zu werden, die die gewaltigste Bestätigung für die Richtigkeit der völkischen Rassentheorien sein wird."[32]

Am 11. August 1939 erklärte Hitler dem Völkerbundkommissar für Danzig, Carl J. Burckhardt: „Alles, was ich unternehme, ist gegen Russland gerichtet; wenn der Westen zu dumm oder zu blind ist, dies zu begreifen, werde ich gezwungen sein, mich mit den Russen zu verständigen, den Westen zu schlagen und dann nach seiner Niederlage mich mit meinen versammelten Kräften gegen die Sowjetunion zu wenden. Ich brauche die Ukraine, damit man uns nicht wieder wie im letzten Krieg aushungert."[33]

Daher überrascht auf den ersten Blick die 1939 zeitweise eingegangene Allianz mit dem Erzfeind. Am 23. August 1939 unterzeichneten in Moskau die beiden Außenminister Ribbentrop und Molotow den deutsch-sowjetischen Nichtangriffspakt **(Hitler-Stalin-Pakt)**. Die entscheidenden Abmachungen zwischen den Vertragspartnern wurden jedoch in einem **geheimen Zusatzprotokoll** festgelegt. Darin verständigten sich die beiden Diktatoren über die Abgrenzung ihrer Interessensphären und die Aufteilung Polens.

Nach wie vor bleibt umstritten und unbekannt, was Stalin bewogen haben mochte, mit Hitler ein solches Abkommen zu schließen. Die plausibelste Erklärung stützt sich auf einen Wandel der sowjetischen Politik. Die sowjetische Seite vollzog im Frühjahr 1939 einen Kurswechsel in der Außenpolitik. Der bisherige Außenminister Litwinow, der als Befürworter einer Westorientierung galt, wurde durch Molotow abgelöst. Der deutsch-sowjetische Nichtangriffspakt sollte für Hitler mehrere Zwecke erfüllen:

- die Neutralisierung der Sowjetunion beim Angriff auf Polen,
- die strategische Einschnürung und Isolierung Polens vom Osten her,

32 Zitiert nach Manfred Funke: Großmachtpolitik und Weltmachtstreben, S. 138.
33 Ebd., S. 142.

- die Abschreckung der Westmächte vor einer Intervention im deutsch-polnischen Konflikt,
- bei einem bewaffneten Konflikt mit dem Westen Rückenfreiheit im Osten.

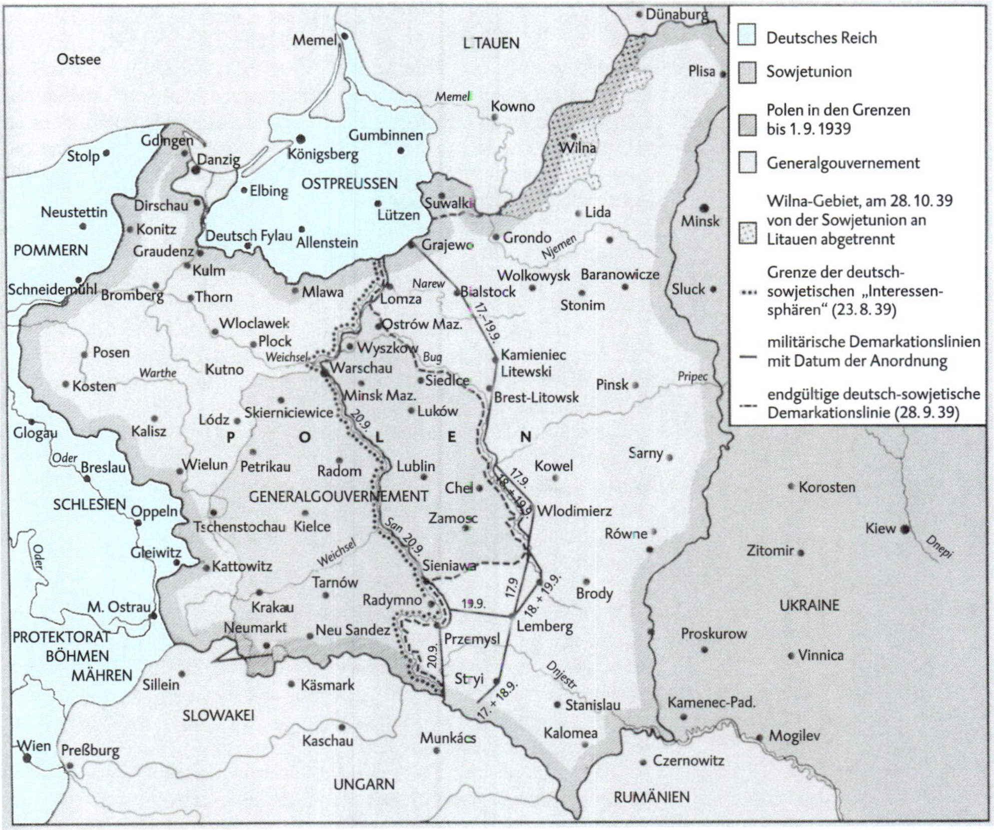


Am 3. April wies Hitler der Wehrmacht an, den Feldzug gegen Polen bis zum 1. September vorzubereiten. Im selben Monat kündigte er kurzerhand auch den deutsch-polnischen Nichtangriffsvertrag von 1934. Am 22. Mai 1939 schloss er mit Italien den **„Stahlpakt"**, ein umfassendes politisch-wirtschaftlich-militärisches Bündnis. Am 25. August schließlich befahl Hitler den Angriff auf Polen für den nächsten Tag, widerrief den Befehl aber am Spätnachmittag, als die Nachricht von der Umwandlung der englischen Garantie für Polen in ein gegenseitiges Beistandsabkommen bekannt wurde und ein Brief Mussolinis eintraf, dass Italien wegen mangelnder Kriegsvorbereitungen trotz seiner Verpflichtungen aus dem „Stahlpakt" nicht in den Krieg eintreten könne.[34]

34 Lothar Gruchmann: Der Zweite Weltkrieg. München 1967, S. 16.

# Der Zweite Weltkrieg

## Der Überfall auf Polen

Am 1. September 1939 begann der **Überfall auf Polen:** Ohne Kriegserklärung und nach fingierten Grenzzwischenfällen marschierten deutsche Truppen in Polen ein. Am Abend des 31. August hatten zivil gekleidete SS-Leute einen Überfall auf den deutschen Sender Gleiwitz vorgetäuscht. Dabei ließen sie einen toten KZ-Häftling in polnischer Uniform zurück. Dieser inszenierte Vorfall diente der Goebbelsschen Propaganda gegenüber der eigenen Bevölkerung als Alibi für den deutschen Angriff auf Polen. Am 3. September erfolgte zwar die britisch-französische Kriegserklärung an das Deutsche Reich, jedoch ohne Eröffnung einer Westfront. Eine Woche nach Kriegsbeginn waren bereits alle polnischen Armeen im westlichen Grenzgebiet entweder durchbrochen, angeschlagen oder zum Rückzug gezwungen. Das Schicksal Polens wurde endgültig besiegelt, als am 17. September die Rote Armee vom Osten her mit zwei Heeresgruppen in Polen eindrang, um sich die im Hitler-Stalin-Pakt vereinbarten Gebiete einzuverleiben. Damit war die „vierte Teilung" Polens vollzogen.

Am 6. Oktober wurden die Kampfhandlungen eingestellt. Es folgten weder eine offizielle Kapitulation noch ein Friedensschluss, da der polnische Staat de facto aufhörte zu existieren und die Regierung das Land verlassen hatte. Hitlers „Friedensangebot" an die Westmächte auf der Basis der neuen Realitäten wurde von diesen abgelehnt.

## Der Vernichtungsterror gegen die polnische Bevölkerung

Entsprechend dem Ziel, Osteuropa bis zum Ural als „deutschen Lebensraum" in Besitz zu nehmen und die slawischen ‚Untermenschen" auszubeuten und zu dezimieren, war die deutsche Besatzungspolitik in diesen Gebieten auf Unterwerfung und Vernichtung ausgerichtet. In den eroberten Gebieten kam es zu Massenerschießungen; nicht „Eindeutschungsfähige" wurden ins Generalgouvernement, dem 1939 von deutschen Truppen besetzten Teil Polens, der dem deutschen Reich nicht eingegliedert wurde, abgeschoben. Der westliche Teil Polens sollte im Lauf von zehn Jahren vollständig eingedeutscht werden;

dafür wurden Volksdeutsche aus dem Baltikum und Südosteuropa angesiedelt. Die Leitung dieser „Germanisierung" oblag Heinrich Himmler, der als „Reichskommissar für die Festigung deutschen Volkstums" von Hitler dafür extra mit besonderen Vollmachten ausgestattet worden war. Restpolen wurde zum **„Generalgouvernement"** erklärt und umfasste die östlich anschließenden polnischen Gebiete. Der Sitz der Verwaltung unter Generalgouverneur Hans Frank war in Krakau. In diesem Gebiet wurde die physische Ausrottung der polnischen Führungsschicht und die Konzentration der Juden in großstädtische Ghettos als Vorstufe ihrer 1942 beginnenden **Deportation** in die Vernichtungslager durchgeführt.[35] Auch die Konzentrationslager Auschwitz, Majdanek und Treblinka wurden im Generalgouvernement errichtet.

Erschießungen von Juden und Zivilisten in den besetzten Gebieten durch deutsche Einsatztruppen.

## Die Blitzkriegstrategie

Wählt man die Gesamtdauer und die Schnelligkeit der militärischen Bewegung als Beurteilungsmaßstab, so waren die erfolgreichen Feldzüge gegen **Polen** (1. September – 6. Oktober), **Dänemark und Norwegen** (9. April – 10. Juni 1940), **Frankreich und die Benelux-Staaten** (10. Mai – 22. Juni 1940) sowie **Griechenland und Jugoslawien** (6. April – 1. Juni 1941) eindeutig Blitzkriege.

35 Lothar Gruchmann: NS-Besatzungspolitik und Résistance in Europa. In: Frei, Broszat: Das Dritte Reich im Überblick. München 1990, S. 151.

Doch das militärische Konzept, den Gegner in Blitzfeldzügen niederzuwerfen, stand auf tönernen Füßen: In jedem Fall war die Strategie der Blitzkriege, mit der man den sozioökonomischen strukturellen Gegebenheiten Deutschlands entsprechen wollte, eine extrem anfällige Konzeption. Die Berücksichtigung ihrer spezifischen Problematik ist für eine angemessene Interpretation der deutschen Kriegspolitik unverzichtbar.

Als Gesamtsystem wurde diese Strategie vor dem Entschluss zum **Unternehmen „Barbarossa“**, dem Angriff auf die Sowjetunion, nie infrage gestellt. Bezeichnenderweise schlug sie bereits wenige Wochen nach der mit größter Erfolgszuversicht begonnenen Offensive im Osten fehl. Das heißt, gerade in dem Krieg, den die deutsche Führung nach strategischem Verständnis konsequent als Blitzkrieg geplant und vorbereitet hatte, blieb der Erfolg aus.[36]

## Der Krieg im Westen

Der Beginn der deutschen Offensive im Westen geschah unter **Verletzung der Neutralität** der Niederlande, Belgiens und Luxemburgs. Mit dem Sieg über Frankreich war Hitler innenpolitisch auf dem Höhepunkt seiner Macht und Popularität. Am 22. Juni 1940 unterzeichnete Frankreich den Waffenstillstand. Die kollaborierende französische Regierung unter Marschall Henri Philippe Pétain errichtete ihren Sitz im unbesetzten Teil in **Vichy** („Vichy-Frankreich“). Weniger als zwei Wochen zuvor hatte Italien noch seinen Kriegseintritt auf deutscher Seite erklärt und beteiligte sich an der Liquidierung des bereits geschlagenen Frankreichs. Im September erfolgte die Erweiterung der nunmehr militärischen Achse „Berlin-Rom“ zum **„Dreimächtepakt“** durch ein Abkommen zwischen Deutschland, Italien und Japan. Doch gerade durch seine triumphalen militärischen Erfolge hatte sich Deutschland als nunmehr stärkste Hegemonialmacht des Kontinents immer tiefer in eine Sackgasse hineinmanövriert. Erneut war es Großbritannien, das eine Schlüsselstellung einnahm. Die britische Regierung unter **Churchill** zeigte Hitlers letztem „Appell an die Vernunft“ vom 19. Juli 1940 vor dem Reichstag, nunmehr den Kampf einzustellen, sich seinen Wünschen unterzuordnen, die deutsche Vorherrschaft auf dem Kontinent für immer anzuerkennen und sich dafür den Bestand des Inselreiches und seines Empires garantieren zu lassen, wiederum und diesmal endgültig die kalte Schulter.[37]

**36** Gerhard Schreiber: Deutsche Politik und Kriegsführung 1939 bis 1945. In: Bracher, Funke, Jacobsen (Hrsgg.): Deutschland 1933–1945. Bonn 1993, S. 340 f.
**37** Bernd Jürgen Wendt: Deutschland 1933–1945. Das Dritte Reich. Hannover 1995, S. 486.

## Der Luftkrieg gegen England

Nachdem Großbritannien sowohl unter Werbung als auch unter Drohung nicht auf Hitlers Offerte einer „Teilung der Welt“ einging, eröffnete Deutschland am 13. August 1940 die Luftoffensive gegen das Inselreich. Die Beherrschung des Luftraumes war eine wichtige Voraussetzung für die geplante, riskante Überquerung des Kanals. Die Überlegenheit der deutschen Luftwaffe, die den Polen-, West-, und Balkanfeldzug wesentlich prägte, konnte jedoch in der zweiten Phase des Krieges nicht behauptet werden. In der Luftschlacht um England griff die deutsche Luftwaffe englische Städte, insbesondere Industriestädte wie Coventry, Birmingham und Sheffield, im großem Stil an. Die hohen Verluste und die erhöhten Anforderungen beanspruchten die Luftwaffe aufs Äußerste. Angesichts der schwindenden Aussichten, die Luftherrschaft zu gewinnen, verschob Hitler mehrmals die geplante Invasion (Unternehmen „Seelöwe“) gegen England, zuletzt und endgültig auf das Frühjahr 1941. Die Alliierten hatten zudem den technischen Vorsprung der Deutschen aufgeholt und ihre Abwehr mit der Entwicklung der Radartechnik verbessert.

Luftschlacht gegen England: Die deutsche Bombardierung vom 14./15. November 1940 zerstörte das Stadtzentrum von Coventry fast vollständig. Auch die Hauptstadt wurde bombardiert: Londoner Kinder in einem Splittergraben.

## Der Überfall auf die Sowjetunion

Bereits im Sommer 1940 überlegte man in den deutschen Führungsstäben, das Inselreich indirekt auszuschalten. Hitler hoffte, Großbritannien nach einem Sieg über die Sowjetunion zu einem Friedensschluss unter Anerkennung der

Vormacht Deutschlands in Europa zwingen zu können. Nach wie vor standen für Hitler auch bereits früher formulierte Kriegsziele im Vordergrund: die Vernichtung des „jüdischen Bolschewismus", die Gewinnung von „Lebensraum" und „Siedlungsland" im Osten und die kriegswirtschaftliche Ausbeutung der eroberten Gebiete einschließlich aller Arbeitskräfte. Am 18. Dezember 1940 erging die „Weisung Nr. 21" für den **„Fall Barbarossa"**, in dem Hitler den Angriff auf die Sowjetunion vorzubereiten befahl. Hitler hatte sich zu diesem Schritt entschlossen, obwohl führende Militärs vor einem **Zweifrontenkrieg** gewarnt hatten. Nach einer sich abzeichnenden italienischen Niederlage im Krieg gegen Griechenland ließ Hitler zudem einen Angriff der Wehrmacht vorbereiten, um eine Front der Alliierten auf dem Balkan zu verhindern. Dies sollte außerdem den geplanten Krieg gegen die Sowjetunion militärstrategisch flankieren und die rumänischen Ölvorkommen für Deutschland sichern. Am 6. April 1941 erfolgte der deutsche Überfall auf Jugoslawien und Griechenland. Der Angriff gegen die Sowjetunion begann am **22. Juni 1941**. Da Stalin trotz Warnungen nicht an einen Einmarsch Hitlers geglaubt hatte, gelangen den deutschen Truppen schnell beträchtliche Geländegewinne.

Mit Nachdruck muss eine Legende zurückgewiesen werden, die aus durchsichtigen Gründen auf die politische Entlastung Deutschlands zielt und in rechten Kreisen viel Beifall findet: Die Behauptung, Hitler sei mit seinem Einfall in die Sowjetunion den entsprechenden Absichten Stalins gegen Deutschland nur um wenige Wochen zuvorgekommen. Für diese These vom „Präventivkrieg" gegen die Sowjetunion gibt es sowohl in der Entstehungsphase von „Barbarossa" als auch im Verlauf seiner konkreten Vorbereitung keine Quellenbelege.[38] Eindeutig heißt es dagegen in der „Weisung Nr. 21": „Die deutsche Wehrmacht muss darauf vorbereitet sein, auch vor der Beendigung des Krieges gegen England Sowjetrussland in einem schnellen Feldzug niederzuwerfen. [...] Den Aufmarsch gegen die Sowjetunion werde ich gegebenenfalls acht Wochen vor dem beabsichtigten Operationsbeginn befehlen. Vorbereitungen, die eine längere Anlaufszeit benötigen, sind – soweit noch nicht geschehen – schon jetzt in Angriff zu nehmen und bis zum 15. Mai 1941 abzuschließen. Entscheidender Wert ist jedoch darauf zu legen, dass die Absicht eines Angriffs nicht erkennbar wird."[39]

Nach anfänglichen militärischen Erfolgen auf deutscher Seite geriet der geplante Blitzkrieg ins Stocken. Mit der Schlacht vor Moskau Ende 1941 wurde klar, dass die UdSSR nicht im Eiltempo zu besiegen war.

**38** Bernd Jürgen Wendt: Deutschland 1933–1945. Das Dritte Reich. Hannover 1995, S. 496.
**39** Zitiert nach Wendt, S. 495.

## Die Rolle der Wehrmacht

Die Wehrmacht war aus der Reichswehr hervorgegangen und ab 1935 war „Wehrmacht" die offizielle Bezeichnung für die deutschen Streitkräfte. In diesem Jahr wurde unter Bruch des Versailler Vertrages durch ein Wehrgesetz die allgemeine Wehrpflicht in Deutschland eingeführt. Wehrdienstpflichtig wurden alle Männer vom 18. bis zum 45. Lebensjahr. 1939 zählte das Landheer der deutschen Wehrmacht über 2,7 Millionen Mann, die Luftwaffe verfügte über 4 000 Flugzeuge.

Nach dem Tod Hindenburgs vereinigte Hitler die Staatsämter des Reichskanzlers und des Reichspräsidenten in seiner Person. Dadurch wurde er auch Oberster Befehlshaber der Streitkräfte. Nach und nach entledigte sich Hitler der führenden Offiziere, die ihm nicht genehm waren und ersetzte sie durch ihm treu ergebene Personen, allen voran die Generale Keitel und Jodl. Wilhelm Keitel wurde nach dem Sturz des Kriegsminister von Blomberg (1938) Chef des Oberkommandos der Wehrmacht (OKW) und blieb es bis zum Kriegsende. In den Nürnberger Kriegsverbrecherprozessen wurde er zum Tode verurteilt und hingerichtet.

Der Krieg gegen die Sowjetunion war von Anfang an als **Weltanschauungskrieg** konzipiert. Er wurde entgegen den Prinzipien des Völkerrechts unter dem kritiklosen Einsatz der Generäle und Truppenführer geführt. Einsatztruppen der SS, aber auch reguläre Wehrmachtseinheiten begannen mit der Ermordung von Juden. Gezielt und rigoros machte die Wehrmacht ihre Soldaten zu Kriegern einer Ideologie. „So nahm denn der ‚ungeheuerlichste' Eroberungs-, Versklavungs- und Vernichtungskrieg, den die moderne Geschichte kennt, seinen Anfang. Im Verlauf desselben verstießen Teile der Wehrmacht und die SS massiv gegen internationales Recht. Hierbei handelte es sich nicht um unkontrollierbare Übergriffe, sondern um systematischen Rechtsbruch. Wie war Derartiges möglich? Gewiss auch, weil die militärische Kriegsführung sich hier zum weltanschaulichen Kampf entwickelte: was sich nicht zuletzt damit erklärt, dass Offiziere und Juristen die ‚ideologischen Intentionen' ihres ‚Führers' als Befehle formulierten. [...] Nur, der Hitlersche Vernichtungswille wirkte nicht allein wegen jener Weisungen auf die Kriegsführung ein. Vielmehr ist in solchem Kontext an die Bereitschaft der ‚Heeresführung' zu erinnern, die ‚Truppe auch den ‚weltanschaulichen Kampf mit durchfechten' zu lassen."[40]

**40** Gerhard Schreiber: Deutsche Politik und Kriegführung 1939 bis 1945. In: Bracher, Funke, Jacobsen (Hrsgg.): Deutschland 1933–1945. Bonn 1993, S. 351.

Ein signifikantes Beispiel unter vielen für den **Verstoß gegen geltendes Kriegsrecht** ist der sogenannte „Kommissarbefehl". Noch vor dem Einmarsch der deutschen Truppen in die Sowjetunion wurde am 6. Juni 1941 der Befehl ausgegeben, im militärischen Operationsgebiet politische Kommissare der Sowjetregierung, die sich gegen die deutschen Truppen wandten bzw. im Verdacht standen, sich gegen die Truppe gewandt zu haben, noch auf dem Gefechtsfeld von den Kriegsgefangenen abzusondern und grundsätzlich sofort zu liquidieren.[41]

## Der Kriegseintritt der USA

In den Vereinigten Staaten standen sich innenpolitisch die **„Isolationisten"** – sie forderten, dass die Amerikaner sich aus dem Krieg heraushalten sollten – und die **„Interventionisten"**, die ein Eingreifen Amerikas befürworteten, gegenüber. Zunächst unterstützten die Vereinigten Staaten im verstärkten Maße mit Waffen, Kriegsgerät und Lebensmitteln Großbritannien im Kampf gegen Deutschland. Doch Präsident Roosevelt verfolgte zwischen 1939 und 1941 planmäßig und zielbewusst eine Politik, die die USA schrittweise aus der Neutralität heraus und in einen „undeclared war" mit Deutschland führte.

Der Ausgangspunkt für das amerikanische Eingreifen in den Krieg sollte aber ein ganz anderes Ereignis sein: Am 7. Dezember 1941 überfielen japanische Streitkräfte den US-Flottenstützpunkt **Pearl Harbour** auf Hawaii. Seit den Dreißiger Jahren versuchte Japan verstärkt durch seine aggressive Politik, zu der ganz Asien beherrschenden Macht zu werden. 1932 besetzten japanische Truppen die Mandschurei, ein Jahr später die Provinz Jehol. 1937 überfiel Japan China und eroberte bis Mitte 1940 fünf chinesische Provinzen und die chinesische Küste mit ihren Haupthäfen. Zudem nutzte Japan im selben Jahr die militärische Niederlage Frankreichs gegen Deutschland und besetzte Indochina. Die Vereinigten Staaten und Großbritannien sahen sich durch die japanische Expansion in wichtigen Überseepositionen herausgefordert und reagierten mit Boykottmaßnahmen. Insbesondere das Ölembargo führte ab Juli 1941 zu ernsten Versorgungsschwierigkeiten in Japan.

Vier Tage nach dem japanischen Überfall erklärte Hitler in Verkennung der Lage und ohne Japan hierzu vertraglich verpflichtet zu sein, den USA den Krieg. Die militärische Konfrontation hatte sich zum Weltkrieg ausgeweitet.

41 Bernd Jürgen Wendt: Deutschland 1933–1945. Das Dritte Reich. Hannover 1995, S. 502.

# Die Kriegswende

Seit der Kapitulation der 6. Armee (ca. 250 000 Mann) in **Stalingrad** zu Anfang des Jahres 1943 (31. Januar/2. Februar) wurde innerhalb der deutschen Bevölkerung bezweifelt, ob Hitler noch länger der „größte Feldherr aller Zeiten" sei. Von den in Stalingrad eingeschlossenen Divisionen gingen nur noch 91 000 Mann in die Kriegsgefangenschaft. Nur wenige Tausende von ihnen sollten überleben. 42 000 Verwundete und Spezialkräfte hatte man ausfliegen können, der Rest war gefallen, erfroren, verhungert.[42]

Am 7. und 8. November 1942 hatten die Alliierten mit der Landung einer amerikanisch-britischen Invasionsarmee in Marokko und Algerien unter General Eisenhower eine **„zweite Front"** eröffnet. Der deutsch-italienische Rückzug aus Nordafrika endete am 13. Mai 1943 mit der Kapitulation in Tunesien.

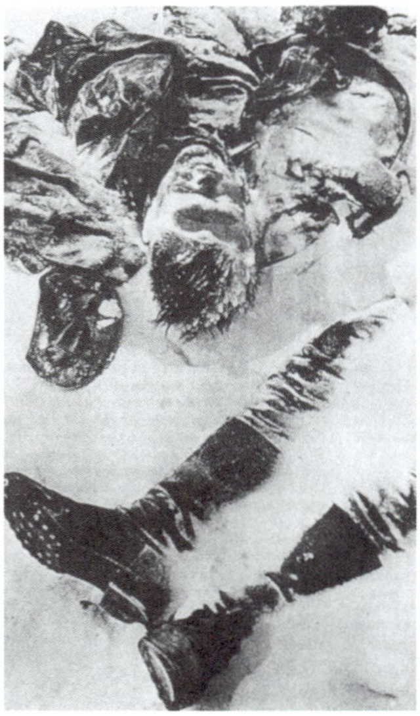

Die ohnehin stark dezimierten und erschöpften deutschen Truppen wurden in Stalingrad von einem sehr strengen Winter überrascht. Fehlende Versorgung und Nachschubmängel zwangen zur Kapitulation: die im Februar 1943 gefangenen genommenen Soldaten wurden in Kolonnen abgeführt. Der Kampf um Stalingrad markiert den militärischen Wendepunkt des Krieges in Europa.

Zudem gewannen die Alliierten ab 1942/43 auch in der Luft, wie zur See, das Übergewicht, ohne dass die deutsche Luftwaffe und Luftabwehr ihnen am Ende noch nennenswerten Widerstand entgegensetzen konnten. Britische und amerikanische Bomberverbände überzogen in Nacht- und Tagangriffen deutsche Städte mit Flächenbombardements.

**42** Bernd Jürgen Wendt: Deutschland 1933–1945. Das Dritte Reich. Hannover 1995, S. 527.

Die Niederlage des Afrikakorps unter General Rommel (Mai 1943), die Landung amerikanischer Truppen in Italien (Juli 1943), der Beginn der **alliierten Invasion an der Atlantikküste** in der Normandie am 6. Juni 1944 und der stete Vormarsch der sowjetischen Truppen im Osten leiteten die deutsche Niederlage ein. Am 21. Oktober 1944 wurde Aachen als erste deutsche Großstadt von den Amerikanern besetzt.

## „Totaler Krieg"

In der berühmt-berüchtigten Sportpalast-Versammlung vom 18. Februar 1943 versuchte Propagandaminister **Goebbels** dem Eindruck der Niedergeschlagenheit, der sich im deutschen Volk nach der Katastrophe von Stalingrad ausbreitete, entgegenzuwirken. Rhetorisch fragte er das handverlesene Publikum:

„Wollt ihr den totalen Krieg?" – Jubelnde Zuhörer applaudieren begeistert dem für seine demagogischen Reden bekannten Propagandaminister Joseph Goebbels im Berliner Sportpalast am 18. Februar 1943.

„Wollt ihr den totalen Krieg?" Dieser Begriff wurde von General Ludendorff in der Endphase des Ersten Weltkriegs geprägt und meint die Missachtung der völkerrechtlich bindenden Unterscheidung von kriegsführenden Truppen und nichtkämpfender Bevölkerung, aber auch die Mobilisierung der gesamten Bevölkerung und Wirtschaft für den Krieg. In der Zeit des Nationalsozialismus umfasst der Begriff darüber hinaus den rassenbiologisch begründeten und bewusst geplanten Terror- und Vernichtungskrieg in Osteuropa, das „Euthanasie"-Programm und den Holocaust an den europäischen Juden während des Zweiten Weltkriegs.

Der frenetische Beifall auf die Rede Goebbels in der **Sportpalast-Versammlung** bestätigte die Alliierten in ihrer Überzeugung, nur eine „bedingungslose Kapitulation" der Deutschen könne eine künftige Bedrohung ausschließen.[43] Auf britischer Seite setzte sich zunehmend die Vorstellung durch, den Gegner in seiner Kampfmoral zu treffen. Was zunächst eine unvermeidbare Begleiterscheinung gewesen war, wurde zum eigentlichen Ziel: der Luftangriff auf die Zivilbevölkerung. Diese Strategie wurde moralisch gerechtfertigt mit dem Hinweis auf die deutschen Luftangriffe auf englische Städte. Trauriger Höhepunkt des Bombenkriegs waren die Luftangriffe auf Dresden am 14. und 15. Februar 1945, denen ca. 35 000 Menschen zum Opfer fielen.[44]

Durch die Bombardierung der Städte sollten nicht nur Verkehrs- oder Industrieanlagen vernichtet werden, sondern es ging vor allem darum, die Bevölkerung zu treffen, um deren Lebens- und Verteidigungswillen zu brechen. Bis zum Kriegsende waren die meisten deutschen Großstädte, wie hier Köln und Dresden, durch die alliierten Luftangriffe zerstört, rund 500 000 Menschen waren den Bomben zum Opfer gefallen.

43 Klaus Hildebrand: Das Dritte Reich. München 1995, S. 96.
44 Ludolf Herbst: Das nationalsozialistische Deutschland 1933–1945. Darmstadt 1996, S. 433.

## Die Kriegskonferenzen

Die Formel der „bedingungslosen Kapitulation", zu der Deutschland, Italien und Japan gezwungen werden sollten, wurde auf der **Konferenz von Casablanca** (24. Januar 1943) von Roosevelt und Churchill geprägt und in der „Deklaration von Moskau" vom 30. Dezember 1943 von den Alliierten wiederholt. Mit dieser Formulierung sollte dem misstrauischen Stalin versichert werden, dass die Westmächte keinen Sonderfrieden anstrebten, sondern zusammen mit den Sowjets bis zur endgültigen Niederwerfung der Kriegsgegner kämpfen würden.

Unter dem Eindruck des deutschen Überfalls auf die Sowjetunion hatten sich vom 9. bis 12. August 1941 der US-Präsident Roosevelt und der britische Premierminister Churchill auf ihrer ersten, der sogenannten Atlantikkonferenz, auf einem Schlachtschiff getroffen. So stand die Frage nach der Unterstützung der Sowjetunion als ein wichtiger Besprechungspunkt auf der Agenda. Bereits am 12. Juli 1941 hatten die Regierungen Großbritanniens und der Sowjetunion ein gemeinsames Vorgehen gegen Deutschland vereinbart. In der Erklärung der **Atlantik-Charta** (14. August 1941) verkündeten Roosevelt und Churchill, dass ihre Länder „keine territoriale oder sonstige Vergrößerung" erstrebten und keine Gebietsveränderungen beabsichtigten, „die nicht mit den frei geäußerten Wünschen der betroffenen Völker übereinstimmen". In Anlehnung an den 14 Punkte-Plan Wilsons waren als weitere Ziele eines künftigen Friedens vorgesehen: Selbstbestimmungsrecht der Völker und dessen Wiederherstellung in Europa, internationale wirtschaftliche Zusammenarbeit, gleicher Zugang für große und kleine Nationen zu den Rohstoffen der Welt, Freiheit der Meere, allgemeine Verminderung der Rüstung und Entwaffnung der aggressiven Staaten bis zur Errichtung eines „umfassenderen und dauernden Systems der allgemeinen Sicherheit".[45] Die Atlantik-Charta wurde somit zu einem grundlegenden Dokument für die später gegründeten Vereinten Nationen. Anfang Januar 1942 bekannten sich die Sowjetunion sowie 25 weitere Staaten im **Washington-Pakt** zu den Grundsätzen der Atlantik-Charta.

Unter den schließlich 53 kriegführenden Staaten der **„Anti-Hitler-Koalition"** wurden die wesentlichen Entscheidungen über die künftige Behandlung Deutschlands im Mächtedreieck USA-UdSSR-Großbritannien getroffen. Auf der **Konferenz in Teheran** (28. November bis 1. Dezember 1943) einigten sich **Roosevelt**, **Stalin** und **Churchill** trotz unterschiedlicher Pläne grundsätzlich auf eine Aufteilung Deutschlands in Besatzungszonen, ohne deren

**45** Lothar Gruchmann: Der Zweite Weltkrieg. München 1967, S. 41.

Einteilung jedoch zu konkretisieren. Die von den Westmächten Stalin zugesagte, jedoch verschobene Landung in Nordfrankreich zur Errichtung einer zweiten Front gegen Deutschland führte zu einer schweren Belastung der Beziehungen zur Sowjetunion. Da die Sowjetunion lange Zeit die Hauptlast des Krieges trug, akzeptierte Churchill, mit Rücksicht auf Stalin, den Vorschlag der Sowjets, Polen nach Westen bis an die Oder zu „verschieben", während Ostpolen bis zur Curzon-Linie von der Sowjetunion beansprucht wurde. Die Curzon-Linie war die 1920 vom britischen Außenminister Georg Curzon vorgeschlagene, aber nie verwirklichte Grenzlinie zwischen Polen und dem bolschewistischen Russland zur Beendigung des polnisch-russischen Krieges. Die Vereinbarungen von Teheran bedeuteten jedoch auch faktisch eine Aufgabe der in der Atlantik-Charta formulierten Prinzipien des Selbstbestimmungsrechts der Völker.

An Deck des britischen Schlachtschiffes „Prince of Wales" trafen sich Premierminister Churchill und Präsident Roosevelt in der Argentinia-Bucht vor Neufundland um über die Atlantik-Charta zu beraten.

Als sich Stalin, Roosevelt und Churchill zur **Konferenz in Jalta auf der Krim** (4. bis 11. Februar 1945) trafen, hatten die alliierten Truppen bereits die Grenzen des Deutschen Reiches überschritten. Im Vordergrund der Gespräche standen daher die Fragen nach der Nachkriegsordnung in Deutschland, der Gestaltung des neuen polnischen Staates und seiner Grenzen sowie der übrigen befreiten europäischen Länder. Von Bedeutung für die weitere Geschichte Deutschlands war die Entscheidung, **Frankreich als vierte Macht** zur Teilnahme an der alliierten Kontrolle Deutschlands hinzuzuziehen und den Franzosen eine eigene Besatzungszone einzuräumen. Diese sollte im Südwesten Deutschlands aus Teilen des amerikanischen und des britischen Okkupationsgebietes entstehen, die sowjetische Zone blieb unverändert. Das Anliegen des amerikanischen Präsidenten Roosevelt bestand vor allem darin, von Stalin nach der Niederlage Deutschlands die Zusage zum Kriegseintritt gegen Japan zu erlangen. Roosevelt wollte sich aber auch der Kooperation der Sowjetunion bei der Etablierung der dauerhaften Friedensorganisation, den späteren **Vereinten Nationen**, versichern, deren Gründung seit der Atlantik-Charta von 1941 das feierlich wichtigste Kriegsziel der Alliierten war.[46]

Über die Konferenz von Jalta urteilt Wilfried Loth: „Tatsächlich war in Jalta zum ersten Mal der grundsätzliche Konflikt deutlich geworden, der die Westmächte in der Deutschlandfrage trennte: das amerikanische Interesse, das deutsche Potenzial in den Wirtschaftsverbund der „One World" zu integrieren, gegen das sowjetische Interesse, dieses Potenzial nicht in die Hände der Briten und Amerikaner fallen zu lassen – ein Gegensatz, der wohl Churchill und Stalin, nicht aber Roosevelt bewusst war. Dass auf der zweiten Konferenz der ‚Großen Drei' keine Anstrengungen unternommen wurden, diesen Konflikt zu bearbeiten, sodass alle entscheidenden Fragen vertagt werden mussten, war im Wesentlichen der amerikanischen Unentschlossenheit zu verdanken".[47]

46 Wolfgang Benz: Potsdam 1945. Besatzungsherrschaft und Neuaufbau im Vier-Zonen-Deutschland. München 1994, S. 41.
47 Wilfried Loth: Die Teilung der Welt 1941–1945. München 1990, S. 88 f.

# Formen des Widerstands gegen die NS-Herrschaft

## Der Widerstands-Begriff

Das Mitte der 1990er-Jahre erschienene „Lexikon des deutschen Widerstands" beziffert die Zahl der namentlich bekannten deutschen Widerstandskämpfer auf ca. 7 000 Personen.[48] Derartige Schätzungen hängen immer mit der Definition des Widerstandes und der Zuordnung der Menschen zu ihm ab. Vermutlich würde man heute von einer größeren Zahl ausgehen, ohne diese exakt benennen zu können. Die Motive für ihre Handlungen waren unterschiedlicher Art. Sie leisteten Widerstand aus politischer oder religiöser Überzeugung, aus Entsetzen und Scham über die Verbrechen, die von Staats wegen begangen wurden, aus Anstand sowie Mitleid mit den Opfern. Ihren Mut und ihren Einsatz bezahlten sie oft mit dem Leben.

Es bereitet einige Schwierigkeiten zu definieren, was man unter „Widerstand" verstehen soll. Es herrscht noch nicht einmal Übereinstimmung, ob eine Definition von „Widerstand" überhaupt wünschenswert sei. Widerstand kann nicht auf den unmittelbar politischen **intentionalen Widerstand**, d. h. den Widerstand, der mit dem unmittelbaren Ziel des Sturzes der Diktatur verbunden ist, reduziert werden. In Laufe der Zeit zeigte sich in der Widerstands-Diskussion eine Ablösung von dieser verengten intentionalen Widerstandsperspektive. An ihre Stelle trat ein **umfassenderer Widerstandsbegriff**, der darauf abzielt, alle – aus welchen Motiven auch immer erfolgenden – begrenzten oder partiellen Formen der Ablehnung gegenüber bestimmten Aspekten der NS-Herrschaft zu erfassen: „Unter Widerstand wird jedes aktive oder passive Verhalten verstanden, das die Ablehnung des NS-Regimes oder eines Teilbereichs der NS-Ideologie erkennen lässt und mit gewissen Risiken verbunden war."[49]

Hinsichtlich seiner Ziele, Methoden und Mittel weist die „Widerstandsbewegung" sehr **heterogene Formen** auf. Der politische Widerstand war in

**48** Wolfgang Benz, Walter H. Pehle (Hrsgg.): Lexikon des deutschen Widerstands. Frankfurt 1994, S. 10.

**49** Harald Jaeger, Hermann Rumschöttel: Das Forschungsprojekt „Widerstand und Verfolgung in Bayern 1933–1945". In: Archivalische Zeitschrift 73 (1977), S. 214. Zitiert nach: Ian Kershaw: Der NS-Staat. Hamburg 1999, S. 292.

viele unabhängige kleine Gruppen gespalten, die sich in ihrer Strategie uneinig waren oder nicht voneinander wussten. Manchmal konnten sie auch aufgrund der tiefen weltanschaulichen Gegensätze nicht gemeinsam handeln. Der politische Widerstand wurde im Wesentlichen von Mitgliedern der verbotenen Linksparteien (KPD, SPD), aus den Gewerkschaften und aus Kreisen der evangelischen und katholischen Kirche gebildet. Daneben gab es ab 1938 eine militärische Opposition.

Widerstand ist aber auch Teil jener der Alltagswirklichkeit, bei der es darum ging, soweit wie möglich mit dem Leben unter einem Regime zurechtzukommen, das auf praktisch alle Aspekte des Alltags Einfluss nahm und einen totalen Anspruch an die Gesellschaft stellte. Unterhalb der Ebene des politischen Widerstands gab es eine Reihe von **Widerstandshandlungen im Kleinen**. Durch diese konnte das Regime keinesfalls beseitigt oder bemerkenswert verunsichert werden. Zu den Formen **„gesellschaftlicher Verweigerung"** oder **„zivilen Ungehorsams"** würde man etwa zählen, wenn Leute den „Hitlergruß" verweigerten und hartnäckig die Kirchen- statt der Hakenkreuzfahne aus dem Fenster hängten oder wenn Bauern Einwände gegen Agrargesetze erhoben und weiter bei jüdischen Viehhändlern kauften, katholische Priester antikirchliche politische Maßnahmen öffentlich kritisierten oder wenn Deutsche ausländische Zwangsarbeiter mit Lebensmitteln versorgten. In der Diskussion um eine Differenzierung des Begriffs „Widerstand" wurde für diese Handlungen auch der Begriff der **„Resistenz"** vorgeschlagen. Jedoch hat sich diese Begriffsbestimmung nicht durchgesetzt. Der überzeugendste Einwand dagegen lautet, dass fast jedes nicht regime-konforme Alltagsverhalten, ohne Rücksicht auf die Motive, unter diesen erweiterten Widerstandsbegriff fallen würde. Somit hätte jeder, der dem NS-Regime nicht ständig Beifall spendete, Widerstand geleistet.

Die Problematik der Definition von Widerstand wird an der **Swing-Jugend** deutlich. Sie entwickelte sich als eine Form der Subkultur unter Jugendlichen der (gehobenen) Mittelschicht. Statt völkischer Musik versuchten sie bei jeder Gelegenheit Jazz- und Swing-Stücke zu hören, sei es auf Schallplatte oder von gastierenden Bands. Anfänglich noch stattfindende öffentliche Veranstaltungen wurden im Laufe der Zeit mit einem Verbot belegt. Für die Nationalsozialisten handelte es sich hierbei um „Negermusik" und bedenkliche Amerika- und England-freundliche Tendenzen. Im Kampf dagegen setzte das NS-System auf „erzieherische" und „staatspolizeiliche" Maßnahmen. Heinrich Himmler erklärte 1942, dass er die „Rädelsführer" der Swing-Jugend zu Zwangsarbeit für mindestens zwei bis drei Jahre ins KZ stecken wollte und forderte „brutal" durchzugreifen. Gehörte die Swing-Jugend also somit zum Widerstand? Die

Swing-Jugend war im politischen Sinn nicht antifaschistisch, sie verhielt sich sogar ausgesprochen unpolitisch. Ihr waren aber sowohl die NS-Phrasen wie der traditionelle bürgerliche Nationalismus zutiefst gleichgültig.

Mehrfach wurde versucht, eine **Typologie des Widerstands** zu entwickeln. Die vorgeschlagenen Kriterien unterscheiden sich in Einzelheiten. Sie gehen aber alle von einer breiten, pyramidenförmigen Kategorisierung „nonkonformistischen" oder „abweichenden" Verhaltens aus und halten es für erforderlich, zwischen im Wesentlichen privaten und eher öffentlichen Verhaltensformen, zwischen organisierten und spontanen Aktionen sowie zwischen eher grundsätzlich oder eher partiell gegen das Regime gerichteten Verhaltensmustern zu unterscheiden. Doch für jede hieb- und stichfeste Abgrenzung verschiedener Kategorien ergeben sich (handfeste) Schwierigkeiten.

Stellvertretend für die, die in einem umfassenden Sinn Widerstand leisteten, sind im Folgenden beispielhaft einige Gruppen und Einzelpersonen genannt.

## Arbeiterwiderstand

Als einzige große Organisation bereitete sich die **Kommunistische Partei** (KPD) frühzeitig auf die Fortsetzung ihres Kampfes gegen die NSDAP für den Fall der Machtübernahme durch Hitler vor. Dennoch wirkte es wie ein Schock, als im Frühjahr 1933 ein barbarischer Verfolgungsterror Führungskader wie einfache Mitglieder traf. Die Partei wurde rücksichtslos vom öffentlichen Leben ausgeschlossen und ihr Vorsitzender Ernst Thälmann bereits in den ersten Märztagen inhaftiert. Anfang Juli bekannte Fritz Heckert, deutscher Komintern-Vertreter, die Partei habe bereits in den ersten Märzwochen wesentliche Teile des mittleren Funktionärskörpers verloren, etwa 11 000 Kommunisten seien verhaftet worden, eine Zahl, die noch als zu niedrig bewertet werden muss.[50] Der politische Kampf gegen das Regime wurde weit gehend mit propagandistischen Aufklärungsschriften und einzelnen Sabotageaktionen geführt. Zu keiner Zeit war ernsthaft an einen bewaffneten Aufstand gedacht, wie die zahlreichen NS-Meldungen im Frühjahr 1933 über Funde kommunistischer Waffenlager suggerieren sollten. Zwischen 1935 und 1938 verhaftete die Polizei etwa 40 000 Mitglieder der verbotenen KPD, sodass die Untergrundarbeit fast zum Erliegen kam.

„Aufseiten der **SPD** und ihres organisatorischen Umfelds bestand in realistischer Einschätzung der Lage weder die Absicht noch die Möglichkeit einer

50 Wolfgang Benz, Walter H. Pehle (Hrsgg.): Lexikon des deutschen Widerstands. Frankfurt 1994, S. 30.

zentral gelenkten Arbeit im Untergrund, auf eine ‚Überführung' der ‚Organisation' in die Illegalität. Deshalb waren auch die lokalen Parteisektionen, die Gliederungen der Neben- und Unterorganisationen sowie die Gruppen des verbotenen bzw. gleichgeschalteten Arbeitervereinswesens zunächst ganz auf sich gestellt."[51]

Dennoch baute die Partei ab Frühjahr 1933 in Prag eine Auslandszentrale auf, von der aus die illegale Weiterarbeit im Deutschen Reich geleitet werden sollte. Vertrauensleute sammelten Informationen für den **Exilvorstand der SPD**, die „Sopade", der mit diesen Informationen die Weltöffentlichkeit über den Nationalsozialismus aufklären wollte.

Nach dem Verbot der **Freien Gewerkschaften** am 2. Mai 1933 formierte sich auch ein spezifisch gewerkschaftlicher Widerstand. In der Illegalität suchten sie nach Wegen eines organisatorischen Überlebens. So versuchte man, Informationen über die Situation in den Betrieben zu sammeln, Kontakte lokaler illegaler Gewerkschaftsgruppen untereinander herzustellen und in Verbindung mit dem Internationalen Gewerkschaftsbund zusammenzuarbeiten.

Kleinere **sozialistische Splittergruppen** konnten in den Anfangsjahren der Diktatur flexibler reagieren als die großen schwerfälligen Parteiapparate von SPD und KPD. Manche von ihnen, wie die Sozialistische Arbeiterpartei Deutschlands (SAPD) und der Internationale Sozialistische Kampfbund (ISK), lösten sich sogar formell auf, um die polizeiliche Überwachung und Verfolgung zu unterlaufen. Diese Gruppen stellten sich ganz überwiegend als Eliteorganisationen mit hochqualifizierten Kadern dar. Sie besaßen einen höheren konspirativen Anspruch und Organisationsgrad. Aus der SAPD ging auch der spätere SPD-Parteivorsitzende und Bundeskanzler Willy Brandt hervor.

Einschüchternd auf die Arbeiterbewegung und entmutigend auf oppositionelle Regungen wirkte zweifellos die außerordentlich hohe Anzahl an Toten, die die Kommunisten besonders am Anfang in ihrem Kampf zu beklagen hatten. Die unerwartet schnell und massiv einsetzenden Verfolgungen trafen die ersten Opfer der Arbeiterbewegung mehr oder weniger unvorbereitet und hilflos. Die heillose innere Zerstrittenheit der Arbeiterbewegung seit der Weimarer Republik stellte eine weitere belastende Hypothek dar. Die schon in den Weimarer Jahren nebeneinander bestehenden Milieugrenzen erwiesen sich als so undurchlässig, dass der Arbeiterwiderstand bei anderen gesellschaftlichen Gruppen nicht auf Resonanz stieß. Schließlich wurde in den ersten Jahren der NS-Herrschaft der Arbeiterwiderstand von seiner Massenbasis in der Arbeiterschaft zunehmend isoliert.

**51** Wolfgang Benz, Walter H. Pehle (Hrsgg.): Lexikon des deutschen Widerstands. Frankfurt 1994, S. 47.

## „Weiße Rose“

Die Studenten **Hans und Sophie Scholl** waren an der Münchener Universität Mitglieder einer Gruppe, der „Weißen Rose“, die mit ihren Flugblättern gegen die Regierung, die Fortsetzung des sinnlosen Kriegs und die Ermordung der Juden aufrief. Die Medizinstudenten Hans Scholl und Alexander Schmorell bildeten den Kern dieser Gruppe, Christoph Probst, Sophie Scholl, Willi Graf und Professor Kurt Huber beteiligten sich nach und nach auf verschiedene Art und Weise an regimekritischen Aktionen. Nach Bekanntwerden der Niederlage der 6. Armee in Stalingrad brachten Schmorell, Graf und Hans Scholl einige Male im Schutz der Dunkelheit Parolen wie „Freiheit“ oder „Nieder mit Hitler“ mit Teerfarbe an die Universitätsgebäude und Hauswände des Universitätsviertels an. Der Aufbau eines Netzes von Widerstandskreisen in mehreren Hochschulstädten wurde geplant und in Angriff genommen. So knüpfte die „Weiße Rose“ Kontakte zu Mitgliedern der „Roten Kapelle“ und den Brüdern Bonhoeffer. Als sie am 18. Februar 1943 Flugblätter in den Lichthof der Universität warfen, fielen sie der Gestapo in die Hände. Kurz darauf wurden Hans und Sophie Scholl sowie drei weitere Mitglieder der „Weißen Rose“ vom Volksgerichtshof zum Tod durch die Guillotine verurteilt.

Noch während des Krieges wurden die mutigen Taten der „Weißen Rose“ über Deutschland hinaus bekannt. Unter anderen würdigte Thomas Mann sie im Juni 1943 im Rundfunk der BBC.

Hans und Sophie Scholl wurden am 22. Februar 1943 im Alter von 24 bzw. 21 Jahren zum Tode verurteilt und noch am selben Tag in München hingerichtet.

## „Rote Kapelle“

Über 150 Frauen und Männer rechnet man zu dem **Widerstandsnetz** „Rote Kapelle“ in Deutschland. Dieser Name ist eine Bezeichnung der deutschen militärischen Abwehr für verschiedene widerständische Gruppen in Deutschland, Frankreich, Belgien, Holland und der Schweiz. Bis zu ihrer Aufdeckung im August 1942 versorgten sie die russische Armeeführung mit militärischen Informationen, sammelten Beweismaterial über die Verbrechen des NS-Staates und schilderten die Untaten in anonymen Flugschriften. Zu den führenden Vertretern gehörten Harro Schulze-Boysen und Arvid und Mildred Harnack. Schulze-Boysen war in der Nachrichtenabteilung des Reichsluftfahrtministeriums, Arvid Harnack war im Reichswirtschaftsministerium tätig. Beide mussten ihren Einsatz mit ihrem Leben bezahlen. Aufgrund persönlicher Kontakte verschmolzen Anfang der 1940er-Jahre Jahre verschiedene Widerstandskreise zu einer als Organisation zu bezeichnenden Sammlungsbewegung. So gab es unter anderem Kontakte zum Kreisauer Kreis und zu französischen Zwangsarbeitern in Berlin.

## „Kreisauer Kreis“

Sei dem Sommer 1940 trafen sich oppositionelle Männer und Frauen aller politischen Richtungen, die durch eine gemeinsame christliche und soziale Anschauung verbunden waren, auf dem Gut des **Grafen James von Moltke** in Kreisau in Schlesien. Sie diskutierten über Grundsätze einer Neuordnung des Staates nach der Überwindung des Nationalsozialismus. Einige Mitglieder des Kreisauer Kreises waren sich im Klaren, dass ein Frieden ohne Gebietsverluste von den Alliierten nicht zu erhalten sei. Die innenpolitischen Vorstellungen blieben dagegen unklar. Die Tätigkeit des Kreisauer Kreises beschränkte sich jedoch nicht nur auf die Ausarbeitung theoretischer Konzepte. Mitglieder versuchten, Kontakte zu oppositionellen Kreisen innerhalb des Militärs, zu den Kirchen und den Sozialdemokraten zu knüpfen. Zu dieser Gruppe gehörten unter anderem der Reformpädagoge und Sozialdemokrat Adolf Reichwein, der Jesuitenpater Alfred Delp und der evangelische Theologe Eugen Gerstenmaier. Im Januar 1944 wurde Graf von Moltke durch die Gestapo verhaftet. Ohne Moltke als geistigen Mittelpunkt war der Kreisauer Kreis am Ende. Die aktivsten Mitglieder schlossen sich der Widerstandsgruppe um Goerdeler an und beteiligten sich am Attentat vom 20. Juli 1944.

## Der Umsturzversuch vom 20. Juli 1944

Die Aktivierung des militärischen Flügels der Opposition der alten Eliten lässt sich nicht an einem Datum festmachen. General Beck, der Chef des Generalstabs im Oberkommando des Heeres, versuchte im Sommer 1938 vergeblich, eine kollektive Gehorsamsverweigerung der Generalität zu organisieren. Der Oberbefehlshaber von Brauchitsch verschloss sich jedoch den Vorstellungen Becks, die Aktion der Generale unterblieb und Beck trat im August 1938 von seinem Amt zurück. Er erneuerte seine Kontakte zu dem früheren Leipziger Oberbürgermeister Goerdeler. Der **Goerdeler-Beck-Kreis** bemühte sich 1942 erneut, einen der obersten Truppenbefehlshaber, Generalfeldmarschall von Kluge, für einen Staatsstreich zu gewinnen. Dieser versagte jedoch seine Unterstützung. Als Claus Graf Schenk **von Stauffenberg** am 2. Juli 1944 die Nachfolge von Generaloberst Fromm als Chef des Stabes beim Befehlshaber des Ersatzheeres übernahm, eröffnete sich ihm der Zugang zu Hitlers Lagebesprechungen im „Führerhauptquartier". Jedoch angesichts der aussichtslosen militärischen Lage im Sommer 1944 – alliierte Invasion in der Normandie, Zusammenbruch der mittleren Ostfront – kam die Überlegung auf, ob ein Attentat auf Hitler überhaupt noch einen Sinn habe, zumal man bislang keinerlei entgegenkommende Signale von den Alliierten erhalten habe. Der Mitverschwörer Generalmajor von Tresckow ermutigte Stauffenberg nachdrücklich: „Das Attentat muss erfolgen, coûte que coûte (koste es, was es wolle). Denn es kommt nicht mehr auf einen praktischen Zweck an, sondern darauf, dass die deutsche Widerstandsbewegung vor der Welt und vor der Geschichte den entscheidenden Wurf gewagt hat."[52]

Am 20. Juli 1944 setzte Stauffenberg in einer Gesprächspause in Hitlers Hauptquartier „Wolfschanze" in Ostpreußen den Zeitzünder in Gang. Da er und sein Ordonanzoffizier, von Haeften, dabei gestört wurden, konnten sie nur die Hälfte des mitgeführten Sprengstoffes zur Zündung einstellen. Die in einer Aktentasche versteckte Sprengladung ließ Stauffenberg beim Betreten der Besprechungsbaracke am großen Kartentisch in der Nähe Hitlers abstellen. Danach verließ er den Raum unter dem Vorwand, nochmals telefonieren zu müssen.[53] Für den Erfolgsfall des Attentats standen die Verschwörer in Verbindung mit Politikern, die das Spektrum von den Konservativen bis zur Sozialdemokratie repräsentierten, die dann in eine Regierung eintreten sollten. Hitler

52 Wolfgang Benz, Walter H. Pehle (Hrsgg.): Lexikon des deutschen Widerstands. Frankfurt 1994, S. 326.

53 Ebd., S. 325 ff.

überlebte, wenn auch verletzt, das Attentat am 20. Juli 1944. Der Staatsstreich brach daraufhin zusammen, nicht zuletzt, weil sich die überwiegende **Mehrheit der Militärs loyal zu Hitler** stellte. So weigerte sich Generaloberst Fromm, der Befehlshaber des Ersatzheeres und Stauffenbergs Vorgesetzter, mit den Verschwörern gemeinsame Sache zu machen. Er wurde daraufhin im Oberkommando des Heeres (OKH) in der Berliner Bendlerstraße verhaftet. Bei seiner Befreiung durch regimetreue Offiziere wurde Stauffenberg verwundet und seinerseits verhaftet. Stauffenberg und drei weitere Offiziere wurden noch an Ort und Stelle in der Nacht willkürlich erschossen. In den ersten Tagen und Wochen nach dem Attentat wurden mehr als 600 Personen verhaftet. Einer umfassenderen Verhaftungswelle von Mitte August an fielen rund 5 000 Personen zum Opfer.[54]

Ludwig Beck

Carl Friedrich Goerdeler

Claus Graf Schenk v. Stauffenberg

Für den Erfolgsfall des Umsturzes lag der Entwurf einer Regierungserklärung bereit, der von Beck als provisorischem Oberhaupt und Goerdeler als Kanzler unterzeichnet werden sollte. Was die weitere politische Gestaltung der Verschwörer bezüglich eines Deutschlands nach Hitler betrifft, wird kontrovers beurteilt. Die Pläne der konservativen Kreise waren von einem grundlegendem Misstrauen gegenüber der Demokratie geprägt. An eine Rückkehr zur Weimarer Republik war daher keinesfalls gedacht. Nach den Vorstellungen Becks und Goerdelers vom Anfang 1941 schwebte ihnen die Rückkehr zur Monarchie mit einer ständisch gegliederten Gesellschaft vor. Die Mitglieder des Kreisauer Kreises favorisierten eine beschränkte politische Mitwirkung der Bevölkerung auf den unteren Ebenen der Gemeinden und Kreise. Für Reichstag und Landtag sollte lediglich das indirekte Wahlrecht gelten. Außenpolitisch

**54** Hartmut Mehringer: Widerstand und Emigration. Das NS-Regime und seine Gegner. München 1997, S. 227 f.

sollte Deutschland weiterhin den Rang einer international anerkannten Großmacht einnehmen. Gegen diese Betrachtungsweise in der Diskussion wendet Hartmut Mehringer ein: „Alle Gruppen und Richtungen des deutschen politischen Widerstands waren sich in der Tat nur in einem einzigen Punkt wirklich einig, nämlich in der Ablehnung eines pluralistisch-parlamentarischen Systems nach dem Muster von Weimar. Sie können nur im Kontext der Bedingungen des Dritten Reichs und der Erfahrungen seit dem Ersten Weltkrieg angemessen gewürdigt werden; sie sind Teil des „Dritten Reichs" und nur in seinem historischen Zusammenhang zu verstehen, und jeder Versuch, sie – wie immer selektiert – für eine Demokratietheorie im Sinne eines Selbstverständnisses der Bundesrepublik Deutschland in Anspruch zu nehmen, stellt eine Fehlbeurteilung sowohl der Struktur wie der Handlungsmöglichkeiten des Widerstands dar."[55]

## Die Kirchen

Die christlichen Amtskirchen als Institutionen leisteten keinen grundsätzlichen Widerstand. Zu Widerspruch kam es dort, wo der Staat die kirchliche Autonomie antastete. Im Jahr 1933 versuchten die Nationalsozialisten mithilfe der „Glaubensbewegung Deutsche Christen" die evangelische Kirche „gleichzuschalten". Die „Deutschen Christen" strebten ein national-kirchliches, völkisch-orientiertes Christentum an. Bei den Kirchenwahlen im Juli 1933 setzten sie sich mit massiver Unterstützung der NSDAP durch und erreichten Mehrheiten von durchschnittlich 70 Prozent. Dieses Wahlergebnis führte zur Ablösung zahlreicher Kirchenleitungen. Auf der Synode in Berlin vom September 1933 setzten die „Deutschen Christen" den Ausschluss von nichtarischen Pfarrern durch. **Pfarrer Martin Niemöller** verbreitete dagegen einen Aufruf, in dem er an die evangelischen Pfarrer appellierte, sich auf Grundlage der Bibel und der reformatorischen Schriften gegen die Pläne der „Deutschen Christen" zu einem **„Notbund"** zusammenzuschließen. Ein Drittel der evangelischen Pfarrer folgte dem Aufruf Niemöllers, der wegen seiner kritischen Äußerungen in Predigten und Vorträgen 1937 verhaftet wurde und bis Kriegsende im Konzentrationslager blieb.

55 Hartmut Mehringer: Widerstand und Emigration. Das NS-Regime und seine Gegner. München 1997, S. 276.

Bedeutende Vertreter des christlichen Widerstands: Martin Niemöller, Paul Schneider, Clemens August Graf von Galen und Dietrich Bonhoeffer.

1934 bildete sich die evangelische **„Bekennende Kirche“**, die als innerkirchlicher Widerstand gegen das Regime der „Deutschen Christen“ entstand, sich aber gleichzeitig auch gegen staatliche Einmischung in innerkirchliche Angelegenheiten richtete und somit auf Distanz zum NS-Staat ging. In der **Barmer Theologischen Erklärung**, die 1935 von der Kanzel verlesen wurde, widersetzte man sich der „rassisch-völkischen Weltanschauung“.

Auch auf katholischer Seite protestierte man, wenn der Staat die Rechte bedrohte, die er der Kirche im **Konkordat vom Juli 1933** zugesichert hatte. In diesem Vertrag zwischen dem Deutschen Reich und dem Vatikan hatte das NS-Regime Bestand, Tätigkeit und Einrichtungen der – aber nie näher abgegrenzten – religiösen, kulturellen und karitativen katholischen Organisationen zugesichert. Im Gegenzug verbot der Vatikan Priestern und Ordensleuten jede parteipolitische Betätigung. So protestierten die katholischen Bischöfe vor allem gegen die Verfolgung katholischer Vereine und die Verächtlichmachung der katholischen Bekenntnisschulen. Diese Proteste waren Versuche, sich dem nationalsozialistischen Totalitätsanspruch zu widersetzen. Auf der anderen Seite erwies sich diese naive Beschränkung auf den innerkirchlichen Bereich als gravierende Fehleinschätzung. Als im September 1935 die Nürnberger Gesetze die Diskriminierung der deutschen Juden verschärften, fanden die Kirchen **kein Wort des öffentlichen Widerspruchs**. Das in Absprache mit den katholischen Kardinälen und Bischöfen verfasste **päpstliche Rundschreiben** („Mit brennender Sorge“) vom März 1937 kritisierte die Zustände in Deutschland und erinnerte an das zuvor abgeschlossene Konkordat. Auch wenn einzelne Bischöfe auf eine entschiedenere Politik drängten, die Mehrzahl der katholischen Bischöfe war in der Folge nicht bereit, auf Konfrontationskurs zum Hitler-Regime zu gehen. Eine Ausnahme bildete der Bischof von Münster, **Graf von Galen**. Er predigte im Sommer 1941 in aller Öffentlichkeit gegen die Tötung Kranker und Behinderter. Am 9./10. Dezember 1941 gingen die evangelische und katholische Amtskirche einmalig gemeinsam vor. In den jeweiligen Schreiben an den „Führer" protestierten Landesbischof Wurm im Auftrag der evangelischen Kirchenführerkonferenz und Kardinal Bertram im Namen der katholischen Bischofskonferenz gegen die Bedrückung der Kirchen und die Missachtung der persönlichen Freiheiten. Vermutlich hat dieser Protest der Kirchen dazu geführt, dass das sogenannte **„Euthanasie"-Programm** offiziell eingestellt wurde.

## Einzeltäter

Georg Elser

Am 8. November 1939 missglückte ein Attentat des Kunstschreiners **Johann Georg Elser** auf Hitler nur knapp. Dieser hatte, wie jedes Jahr, in Erinnerung an seinen Putschversuch im Jahr 1923, eine Veranstaltung im Münchener Bürgerbräukeller abgehalten. An jenem Gedenktag verließ Hitler gegen 21.10 Uhr – weit früher als üblich – den Saal, weil er wegen schlechten Wetters nicht mit dem Flugzeug nach Berlin zurückkehren konnte, sondern einen Sonderzug benutzen musste, der ihn zu einer Besprechung in die Reichshauptstadt brachte. Um 21.20 Uhr explodierte die Bombe im Festsaal der Gaststätte. Sieben Menschen fanden sofort den Tod, über sechzig wurden verletzt. Am selben Abend noch wurde Elser an der Schweizer Grenze verhaftet. Er hatte die Tat allein geplant und durchgeführt. Im Verhör durch die Gestapo erklärte er: „Ich stellte allein Betrachtungen an, wie man die Verhältnisse der Arbeiterschaft verbessern und Krieg vermeiden könnte. Hierzu wurde ich von niemandem angeregt, auch wurde ich von niemandem in diesem Sinne beeinflusst."[56] Elser wurde als Sonderhäftling Hitlers zuerst in das Konzentrationslager Sachsenhausen gebracht. Am 9. April 1945 wurde er auf Weisung „von höchster Stelle" im KZ Dachau ermordet.

**56** Deutscher Widerstand 1933–1945. Informationen zur politischen Bildung. Bundeszentrale für politische Bildung. Heft 243. Bonn 1994, S. 24.

## Emigration

„Die Ablehnung des NS-Regimes artikulierte sich aber nicht nur in der Auflehnung von innen. Auch die deutsche Emigration zwischen 1933 und 1945 war stets beides: Flucht vor Demütigung, Verfolgung und drohendem Tod und Protest gegen die Gleichschaltung, Nazifizierung und geistige Entmündigung. **Emigration und Widerstand** gehören untrennbar zusammen."[57] Politische Emigranten, vor allem auf der politischen Linken, aber auch viele Schriftsteller und Journalisten versuchten vom Ausland aus ihre Anklage gegen das Regime in die Öffentlichkeit zu tragen. Zu denen, die 1933 emigrierten, gehörte auch **Thomas Mann**. Ihm wurde 1936 die deutsche Staatsbürgerschaft aberkannt. Zahlreiche Emigranten mussten sich nicht selten später den Vorwurf gefallen lassen, dass sie aus Deutschland in schwieriger Zeit desertierten, statt gegen das Regime Zeichen zu setzen oder wenigstens in die „innere Emigration" zu gehen. Das Leben im Exil war zumeist mit dem Verlust der bürgerlichen Existenz verbunden. Im Exil galt es, wieder von vorn und von unten anzufangen. Die Motive für die Auswanderung sind nicht scharf voneinander zu trennen, die Grenzen zwischen Emigration aus „rassischen Gründen", Kulturemigration und politischer Emigration sind fließend.

1939 standen vor dem Reisebüro Palästina & Orient Lloyd in Berlin Auswanderungswillige Schlange. Zu den prominenten Emigranten zählten Thomas Mann und seine Frau Katja.

57 Bernd Jürgen Wendt: Deutschland 1933–1945. Das Dritte Reich. Handbuch zur Geschichte. Hannover 1995, S. 350.

## Bewertung des Widerstands

Die Geschichtsschreibung des Widerstands gegen den Nationalsozialismus ist gekennzeichnet von „jahrzehntelangen Kontroversen, die weithin auf unterschiedlichen ideologisch-politischen Legitimationsbedürfnissen und selektiven Vereinnahmungs- bzw. Ausgrenzungsstrategien beruhten.“[58] In der Frühphase der Bundesrepublik und unter dem Zeichen des Kalten Krieges bedeutete dies in erster Linie eine **Nichtberücksichtigung des kommunistischen Widerstands**. Der Blick konzentrierte sich während dieser Zeit vor allem auf den Widerstand herausgehobener Persönlichkeiten aus den militärischen und bürgerlichen Eliten.

Mit dem Film „Schindlers Liste“ von Steven Spielberg (1993) über den deutschen Fabrikbesitzer Oskar Schindlers, der unter Einsatz seines Lebens und seines gesamten Vermögens fast 1 100 Menschen vor dem sicheren Tod in dem Vernichtungslager Auschwitz rettete, geriet das bisher wenig beachtete Phänomen der **Hilfe für verfolgte Juden** in den Blickpunkt der Öffentlichkeit. In den vergangenen Jahren untersuchten verschiedene Forschungsprojekte Umstände und Motive der Solidarität mit verfolgten Juden und deren Rettung. In der Diskussion wurden verschiedene Begrifflichkeiten vorgeschlagen wie beispielsweise „Rettungswiderstand“ oder „humanitärer Widerstand“.[59] Auch wenn gleichwohl die Zahl der namentlich bekannten Helfer in den kommenden Jahren noch steigen wird, an der vergleichsweise beschämend geringen Dimension von Solidarität und Widerstand in der Mehrheitsgesellschaft wird dies nichts ändern. Andererseits zeigen die „Rettergeschichten“, dass durchaus ein **gewisser Handlungsspielraum** innerhalb der NS-Diktatur bestand.

Die Wirkungslosigkeit und das **Scheitern des Widerstands** gegen den Nationalsozialismus haben ihre Ursachen in der Zersplitterung der politischen Landschaft der Weimarer Republik. Die Zerrissenheit der Linken, die weit ausgeprägte Bereitschaft, eine autoritäre Herrschaftsform zu akzeptieren und die bis dato erste Form der Demokratie in Deutschland abzulehnen, sind Erklärungen, warum der Widerstand im Dritten Reich in sich gespalten war, nur langsam agierte und in der Bevölkerung **kaum Unterstützung** fand. Vor diesem Hintergrund ist die folgende Bewertung zutreffend: „Der Widerstand

**58** Hartmut Mehringer: Widerstand und Emigration. Das NS-Regime und seine Gegner. München 1997, S. 268.
**59** Angela Borstedt: Hilfen für Verfolgte: Judenretter und Judenhelfer. In: Peter Steinbach / Johannes Tuchel (Hrsg.): Widerstand gegen die nationalsozialistische Diktatur 1933-1945, Bonn 2004, S. 308.

gegen das nationalsozialistische System war ein „Widerstand ohne Volk". Er hat niemals wirklich eine in sich geschlossene und einheitliche Massenbasis gewonnen und das Regime selbst in eine Existenzkrise gebracht, auch der Staatsstreich vom 20. Juli 1944 nicht. Es gab keine koordinierte Auflehnung breiter Schichten. Deutschland ist 1945 von außen von der braunen Diktatur befreit worden, aus eigener Kraft haben die Deutschen dies nicht geschafft."[60]

**60** Bernd Jürgen Wendt: Deutschland 1933–1945. Das Dritte Reich. Handbuch zur Geschichte. Hannover 1995, S. 335.

# Verfolgung und Holocaust

## Die nationalsozialistische Rassenlehre

Die Isolierung, Verdrängung und schließlich die Vertreibung und Vernichtung der Juden waren keineswegs nur instrumentelle Handlungen der Nationalsozialisten. Sie waren autonome ideologische Ziele, deren Verwirklichung in den verschiedenen Phasen auch entgegen jeder wirtschaftlichen oder militärischen Rationalität vorangetrieben wurden. In **Hitlers Vorstellungswelt** spielten sozialdarwinistische Gedanken eine bedeutende Rolle. Mit der Machtübernahme der Nationalsozialisten gewannen „Rassenhygiene" und „Rassenkunde", als spezifische Ausprägungen des **Sozialdarwinismus**, sprunghaft an Bedeutung. Die besonderen Vorstellungen von Volksgesundheit und rassischer Wertbestimmung lassen sich ohne ein Verständnis des Sozialdarwinismus kaum ausreichend begreifen. Die „Rassenhygiene" stützt sich auf das für die Theoriebildung des Sozialdarwinismus alles bestimmende Axiom, wonach das Gesellschaftsgeschehen auf Naturgesetzen beruhe.[61]

Die abwegige Unterscheidung zwischen höher- und minderwertigen Rassen verbanden die Nationalsozialisten mit der Folgerung, die stärkere und damit bessere Rasse habe das Recht zur Herrschaft. Als besonders aggressive Variante des Rassismus ist der Hass gegen die Juden im Nationalsozialismus hervorzuheben. Der **Antisemitismus** innerhalb Deutschlands ist keineswegs erst im 20. Jahrhundert entstanden, da die Wurzeln des modernen Antisemitismus in das 19. Jahrhundert zurückreichen. Im Gegensatz zum christlichen Antijudaismus liegt dem Antisemitismus die Definition des Judentums als Rasse zugrunde. Unter dem Hinweis auf die Lehre Darwins kam es zur Durchsetzung pseudowissenschaftlicher Vorstellungen von der menschlichen Rasse. Juden wurden dabei als unterlegene und minderwertige Rasse bezeichnet. Auf politischer Ebene formierten sich Parteien, deren Programm hauptsächlich auf den politischen, wirtschaftlichen und gesellschaftlichen Ausschluss der Juden aus der deutschen Bevölkerung abzielte, da sie diese pauschal für Missstände in der Gesellschaft verantwortlich machten. 1893 gewannen diese Antisemitenparteien 16 Reichstagsmandate. Während sie auf parlamentarischer Ebene

61 Hans-Walter Schmuhl: Rassenhygiene, Nationalsozialismus, Euthanasie. Von der Verhütung zur Vernichtung „lebensunwerten Lebens", 1890–1945. Göttingen 1987, S. 381.

relativ erfolglos blieben und bald wieder verschwanden, drang antisemitisches Gedankengut hingegen in verschiedene gesellschaftliche, vor allem bürgerliche, Kreise ein und setzte sich fest. Die Nationalsozialisten nutzten die in erster Linie in Krisenzeiten bestehenden antisemitischen Strömungen in der Bevölkerung. Für viele Nationalsozialisten war der Antisemitismus jedoch weit mehr als ein politisches Instrument zur Mobilisierung großer Bevölkerungsteile, denn er war grundlegender Bestandteil der NS-Ideologie, an die sie glaubten.

Der Rassenkundler Alfred Ploetz hatte im Jahr 1895 den Begriff der „Rassenhygiene“geprägt. 1920 publizierte sein Schüler Fritz Lenz zusammen mit den Professoren Erwin Bauer und Eugen Fischer den „Grundriss der menschlichen Erblichkeitslehre und Rassenhygiene“. Adolf Hitler las die zweite Auflage des Buches in der Haft in Landsberg. Zu einem sehr frühen Zeitpunkt, weniger als zwei Monate nach der Machtübergabe, wurde im Reichsinnenministerium am 22. März 1933 das Referat „Rassenhygiene“ eingerichtet.

## „Rassenhygiene“ und „Euthanasie“

Bereits im Juli 1933 wurde das „Gesetz zur Verhütung erbkranken Nachwuchses“ verabschiedet. Der frühe Zeitpunkt ist als Indiz für die Bedeutsamkeit **rassenhygienischer Vorstellungen** innerhalb der nationalsozialistischen Weltanschauung zu werten und ist Ausdruck dafür, dass sich die Nationalsozialisten nicht nur auf verbale Bekundungen beschränkten. Das Gesetz trat am 1. Januar 1934 in Kraft und war in seiner Brutalität weltweit einmalig. Erfasst wurden Geisteskranke, Epileptiker, Blinde, Taube, Körperbehinderte, ferner „Schwachsinnige“ sowie schwere Alkoholiker.

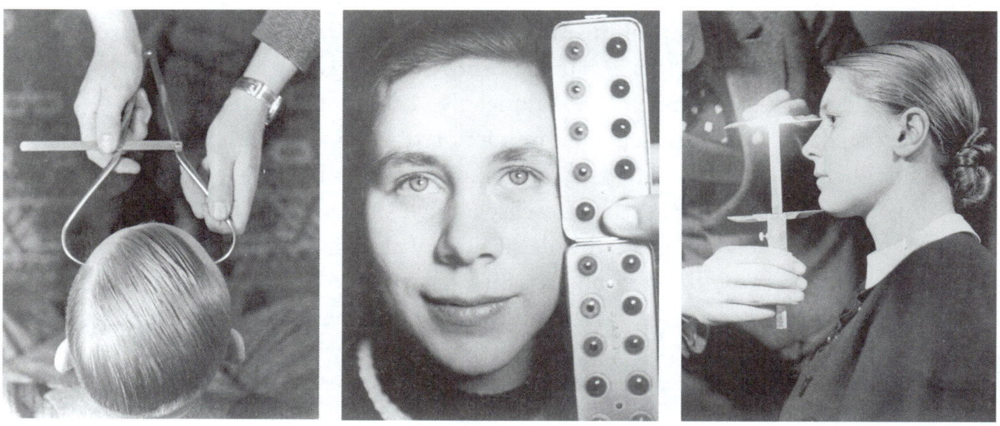

Rassenkundliche Untersuchungen, wie hier 1937, wurden ab 1933 in Schulen durchgeführt: Messung der Stirnbreite mit dem Tasterzirkel, Farbtafeln zur Klassifizierung der Augenfarbe und Feststellung der Gesichtshöhe mit dem Gleitzirkel.

Systematisch wurden Polizei-, Fürsorge-, und Krankenakten durchforstet, um möglichst jeden angeblich „Erbkranken" zu dokumentieren. In den Jahren zwischen 1933 und 1945 wurden in Deutschland 400 000 Menschen zwangsweise sterilisiert.

Diese „Vernichtung lebensunwerten Lebens" wurde von den Nationalsozialisten schon Jahre zuvor propagandistisch eingeleitet. In Schulbüchern oder auch Reichsschulungsbriefen wurde die Bevölkerung auf diese Maßnahmen ideologisch vorbereitet. Ziel war, die Rassenpolitik, biologisch und evolutionär zu begründen und daher auch die Akzeptanz für diese Politik in der Bevölkerung zu erhöhen. Jedoch wurde von Anfang an jede nur mögliche Anstrengung unternommen, die Durchführung des **„Euthanasieprogramms"** (Aktion T 4) geheim zu halten. 1940 begannen die Nationalsozialisten dann, Geisteskranke und Behinderte in Anstalten wie Grafeneck, Hartheim und Hadamar mit Kohlenmonoxyd zu vergasen. Bis August 1941 wurden in speziellen Tötungsanstalten schätzungsweise 60 000 bis 80 000 Menschen umgebracht. Proteste, vor allem von kirchlicher Seite, führten zwar zur Einstellung der Massenmorde, allerdings wurden auch nach dem offiziellen Stopp weiterhin Kranke ermordet.

In der Ausstellung „Wunder des Lebens" propagierten die Nationalsozialisten 1935 ihre Erbgesundheitspolitik. Mithilfe solch pseudo-wissenschaftlicher Statistiken sollte die angebliche Bedrohung der „Herrenrasse" verdeutlicht werden.

## Erste antijüdische Maßnahmen

Die reichsweite **Boykottaktion vom 1. April 1933** gegen jüdische Bürger bildete den gewalttätigen Auftakt der nationalsozialistischen Vertreibungs- und später der Vernichtungspolitik. Die gegen jüdische Geschäfte gerichtete Aktion war ein von der NSDAP und dem Propagandaministerium organisierter Boykott. Bei früheren Gewalttätigkeiten hatte die Polizei immerhin versucht, für öffentliche Ruhe und Ordnung zu sorgen. Nunmehr gehörte die SA selbst zur Polizei und zog mit „Hilfspolizei"-Armbinden und mit Karabinern bewaffnet durch die Straßen. Der Terror gegen politische Gegner und gegen Juden war damit legalisiert.

Am 1. April 1933 stellten sich Posten der SA und der Hitlerjugend vor den jüdischen Geschäften mit vorgedruckten Plakaten auf und versuchten Käufer, die es trotzdem wagen wollten, am Betreten der Läden zu hindern. Wer dennoch auf Zugang bestand, wurde fotografiert und sein Bild erschien in den nächsten Tagen in der Lokalpresse. In etlichen Fällen wurden Schaufenster mit Farbe beschmiert, manchmal auch eingeworfen und die Geschäfte geplündert. Die Erinnerungen der jüdischen Zeitzeugen an diesen Boykotttag sind unterschiedlich. Den Berichten über offene oder verschämte Sympathiebekundungen der Bevölkerung für die betroffenen jüdischen Geschäftsinhaber stehen Schilderungen begeisterter und schadenfroher Teilnahme von Erwachsenen und Jugendlichen gegenüber.

Terror gegen die jüdischen Geschäftsinhaber am 1. April 1933 in Berlin: SA-Posten hindern die Bevölkerung am Betreten des Geschäftes, Schaufenster sind mit antisemitischen Schmierereien und Boykott-Parolen verunstaltet. Im gesamten öffentlichen Leben waren die Juden Zielscheibe von Hass- und Verleumdungskampagnen.

Neben der polizeilich-administrativen Praxis der **Terrorisierung und Unterdrückung** der jüdischen Bevölkerung bildete die gesetzliche Ausschaltung der Juden den zweiten Schwerpunkt der amtlichen Judenpolitik bis 1938. Eine Woche nach dem Boykotttag wurde das **„Gesetz zur Wiederherstellung des Berufsbeamtentums“** erlassen, das als erstes umfassendes Gesetz zur wirtschaftlichen Diskriminierung der Juden angesehen werden kann, obwohl diese im Titel nicht erwähnt sind.[62] Das Gesetz vom 7. April bestimmte in § 3, dass Beamte „nichtarischer“ Abstammung sofort in den Ruhestand zu versetzen seien und schloss fortan Juden vom Beamtentum aus. Ausgenommen wurden Frontkämpfer aus dem Ersten Weltkrieg, Väter oder Söhne von Kriegsgefallenen sowie alle Beamte, die schon vor dem 1. August 1914 verbeamtet waren.

Das Gesetz besaß „Modellcharakter“ für zahllose Verbände und Vereine, sofern sie sich nicht bereits in der Vergangenheit dem antisemitischen Gedankengut verschrieben hatten. Der im „Gesetz zur Wiederherstellung des Berufsbeamtentums“ enthaltene **„Arierparagraph“** wurde eilends übernommen und Mitgliedern, die jüdischer Religion oder Herkunft waren, der Stuhl vor die Tür gesetzt. Unmittelbar war von dem Gesetz nur ein verhältnismäßig kleiner Teil der jüdischen Erwerbstätigen betroffen, da der gesellschaftliche Antisemitismus in der Vergangenheit nur wenigen Juden eine Karriere im Staatsdienst ermöglicht hatte. Indirekt war der Kreis der Betroffenen insbesondere wegen der Konsequenzen durch Folgeerlasse viel größer, da so die zahlreichen selbstständigen jüdischen Rechtsanwälte und Ärzte betroffen waren. Ein Vertretungsverbot für jüdische Rechtsanwälte oder der Entzug der kassenärztlichen Zulassung nahm den jüdischen Erwerbstätigen die berufliche Grundlage. Neben den gesetzlichen und offenen Maßnahmen war allerdings der **stille Boykott** gegen jüdische Ärzte und Rechtsanwälte noch wirkungsvoller. Bereits Mitte 1933 mussten über die Hälfte der jüdischen Ärzte ihren Beruf aufgeben. „Um die Jahreswende 1933/34 war die Lage der deutschen Judenheit jedenfalls bereits dadurch gekennzeichnet, dass sie sich sowohl aus dem öffentlichen Dienst wie aus den wichtigeren freien Berufen verjagt sah, dass die unbehinderte Partizipation am kulturellen Leben der Nation praktisch ihr Ende gefunden hatte und dass sich die deutschen Juden darüber hinaus in die Anfänge einer generellen Isolierung gestoßen fanden, die bestenfalls für das Individuum wie für das Kollektiv als Beginn einer Re-Ghettoisierung zu deuten war.“[63]

**62** Avraham Barkai: Vom Boykott zur „Entjudung“. Der wirtschaftliche Existenzkampf der Juden im Dritten Reich 1933–1943. Frankfurt am Main 1987, S. 35.

**63** Hermann Graml: Reichskristallnacht. Antisemitismus und Judenverfolgung im Dritten Reich. München 1998, S. 125 f.

In der ersten Zeit gab man sich in breiten Kreisen der jüdischen Bevölkerung, wie viele andere Deutsche auch, der Illusion hin, das neue Regime werde sich nicht lange halten können. Die Beruhigung der innenpolitischen Szene bestärkte viele Juden in der Hoffnung, die schlimme Zeit in Deutschland irgendwie zu überstehen. Es waren überproportional viele jüngere Männer, die in der ersten Phase der nationalsozialistischen Machteroberung auswanderten. Einige glaubten noch immer, „es werde schon nicht so schlimm werden". Andere deutsche Juden sahen sich – unter Hinnahme eines gewissen „Alltagsantisemitismus" – in der deutschen Gesellschaft integriert.

## Emigration aus Deutschland

Der Umfang und der Verlauf der Emigration waren bestimmt durch die unterschiedlichen Phasen der Verfolgung, die Ungewissheit der Zukunftsaussichten und die Aufnahmebereitschaft des Auslands. Insgesamt emigrierten nach verschiedenen Schätzungen knapp drei Fünftel der Juden, die 1933 in Deutschland gelebt hatten. In den ersten Wochen nach der Machtübernahme Hitlers verließen zahlreiche Juden fluchtartig das Land, sodass sich deren Anzahl auf 37 000 Auswanderer im ersten Jahr summierte.[64] Jedoch die Hoffnung auf Besserung der Situation und die tiefe **Verwurzelung der assimilierten Juden** in der deutschen Kultur veranlassten den größten Teil der Juden zu bleiben. Sie betrachteten die Herrschaft Hitlers als kurzlebiges Phänomen, das man durchstehen müsse. Der allgemeine Wirtschaftsaufschwung mag zudem so manchen dazu bewogen haben, es noch eine Weile länger auszuhalten.

**Emigration aus Deutschland 1933–1941**

| Jahr | Emigranten | Jahr | Emigranten |
|---|---|---|---|
| 1933 | 37 000 | 1938 | 40 000 |
| 1934 | 23 000 | 1939 | 78 000 |
| 1935 | 21 000 | 1940 | 15 000 |
| 1936 | 25 000 | 1941 | 8 000 |
| 1937 | 23 000 | **Insgesamt** | **270 000** |

**64** Deutsch-jüdische Geschichte in der Neuzeit. Hrsg. im Auftrag des Leo-Baeck-Instituts von Michael A. Meyer unter Mitwirkung von Michael Brenner. München 1997, Bd. IV, S. 227.

## Die „Nürnberger Gesetze"

Am 15. September 1935 wurden in einer auf dem Nürnberger Parteitag zusammengerufenen Reichstagssitzung drei neue Gesetze verkündet, die unter der Bezeichnung „Nürnberger Gesetze" bekannt wurden. Das **„Gesetz zum Schutze des deutschen Blutes und der deutschen Ehre"** verbot die Eheschließung und den Geschlechtsverkehr zwischen Juden und Nichtjuden und untersagte „arischen" Frauen unter 45 Jahren, in jüdischen Haushalten zu arbeiten. Das **„Reichsflaggengesetz"** verbot Juden das „Zeigen der Reichsfarben". Das **„Reichsbürgergesetz"** entzog den Juden die vollen politischen Rechte. Juden konnten fortan nur noch deutsche „Staatsangehörige" im Gegensatz zu dem neu eingeführten Rechtsstatus des „deutschblütigen Reichsbürgers" mit vollen politischen Rechten sein. In den ersten Verordnungen zu den Nürnberger Gesetzen wurde den deutschen Juden außerdem das Wahlrecht aberkannt.

Mit diesen Maßnahmen wurde der im Parteiprogramm der NSDAP von 1920 geforderte Ausschluss der Juden aus der deutschen „Volksgemeinschaft" Realität und ihr gesetzlicher Sonderstatus festgelegt. In der Folge setzte eine **Kategorisierung** der Menschen nach jüdischer Abstammung in „Volljuden", „Halbjuden" und „Mischlinge" ein, die in Form der legalistisch „korrekten" Bürokratie über Leben und Tod vieler Menschen entschied.

Zahlreiche Maßnahmen dienten in den Folgejahren der beschleunigten gesellschaftlichen Ausgrenzung der jüdischen Personen und Familien. So verpflichtete ein Gesetz vom 17. August 1938 alle Juden ab 1. Januar 1939 die Namen **Sara bzw. Israel** anzunehmen und sie zusätzlich zu ihren Vornamen immer anzugeben und damit zu unterzeichnen.[64]

## „Arisierung"

Die „Arisierung" hatte die Verdrängung der Juden aus dem deutschen Berufs- und Wirtschaftsleben und deren **Ausbeutung** zum Ziel. Bereits Mitte 1935 hatte ein Viertel der von Juden unterhaltenen Betriebe die Arbeit eingestellt oder ihren Besitzer gewechselt.[65] Jüdisches Grund- und Betriebsvermögen wurde enteignet. Anfang 1933 hatte es im Reichsgebiet ca. 100 000 von Juden unterhaltene selbstständige Betriebe gegeben. Diese Zahl umfasste Privatban-

65 Eine ausführliche Beschreibung weiterer antijüdischer Maßnahmen ist bei Graml: Reichskristallnacht, S. 155 ff. zu finden.
66 Deutsch-jüdische Geschichte in der Neuzeit, Bd. IV, S. 201.

ken, Warenhäuser, Industriefirmen, ärztliche Privatpraxen, Rechtsanwaltskanzleien bis zum kleinsten Laden oder Handwerksbetrieb. Mitte 1938 waren 60 bis 70 % davon schon aufgelöst oder „arisiert".[66] Jüdische Geschäftsinhaber erhielten bei Geschäftsaufgabe nur einen Bruchteil des realen Vermögenswertes. Die Gau- und Kreiswirtschaftsberater der NSDAP sorgten in engem Zusammenspiel mit den lokalen und kommunalen Behörden dafür, die Verkaufspreise so niedrig wie möglich zu halten. Ausverkäufe wegen Geschäftsaufgabe wurden verhindert, die Restbestände mussten zu **Niedrigstpreisen** an ihre Nachfolger oder Konkurrenten verschleudert werden.

Nach der Reichspogromnacht 1938 erfolgte ein generelles Verbot der Führung von Geschäften und Betrieben durch Juden. In Zwangsverkäufen veräußerten jüdische Besitzer ihre Vermögen deutlich unter Wert. Nur in den wenigsten Fällen kam es zu redlichen Vereinbarungen, in denen Geschäftsfreunde und leitende Angestellte den jüdischen Inhabern halfen, ihren Besitz zu halbwegs reellen Preisen zu veräußern und einen Teil des Erlöses ins Ausland zu transferieren.

Die **nationalsozialistische Wirtschaftsauffassung** lieferte für die Arisierung die ideologische Legitimation. „Nach ihr war alles Vermögen ‚Volksvermögen', das als eine Art Lehen von Besitzern nach den Direktiven des Staates und zum ‚Gemeinnutz des Volkes' zu bewirtschaften war. Die Juden, die nicht zur ‚Volksgemeinschaft' gehörten, hatten daher keinen Anspruch darauf. Und da sie nach Ansicht aller Antisemiten ihren Besitz seit Generationen nur durch Wucher und Betrug erworben haben konnten, war es kein Vergehen, sondern ein Verdienst, wenn man es ihnen, mit welchen Mitteln auch immer, wieder wegnahm und dem Volk – oder stellvertretend den rührigeren Volksgenossen – wieder zurückgab."[67]

## Die Reichspogromnacht

Am Morgen des 7. Novembers 1938 erschoss in der deutschen Botschaft in Paris Herschel Grynszpan den Botschaftssekretär Ernst vom Rath. Er wollte mit dieser Tat dafür Rache nehmen, dass seine Familie zu den etwa 18 000 Juden polnischer Staatsangehörigkeit gehörte, die in einer Nacht-und-Nebel-Aktion von der deutschen Regierung knapp zwei Wochen zuvor aus Deutschland abgeschoben wurde. Dieser Zwischenfall diente den Nationalsozialisten als Vorwand um das reichsweit organisierte **Pogrom vom 9./10. November**

**67** Deutsch-jüdische Geschichte in der Neuzeit, Bd. IV, S. 209.
**68** Ebd., S. 221.

**1938** einzuleiten. Sofort lief die Aktion, durch Telefon und Polizeifunk von München aus angeordnet, überall in Deutschland und Österreich an. In der sogenannten „Kristallnacht" kam es zur **Zerstörungen von fast allen Synagogen** in Deutschland, mehr als 7 000 jüdische Geschäfte wurden demoliert. Jüdische Friedhöfe geschändet, Häuser geplündert, Wohnungen durchsucht und ihre Bewohner misshandelt. Es erfolgten Verhaftungen von über 30 000 Juden, die später erst aufgrund vorgelegter Auswanderungspapiere entlassen wurden. Für die zentral gelenkte Aktion wurden SA- und SS-Trupps abkommandiert. Der Polizei wurde befohlen, den Aktionen ihren Lauf zu lassen. Die Feuerwehr war angewiesen, die Brände nicht zu löschen, sondern nur darauf zu achten, dass die benachbarten Gebäude nicht beschädigt würden. Das Pogrom diente vor allem dem Ziel, die deutschen Juden aus dem Wirtschaftsleben endgültig auszuschalten und durch Massenverhaftungen den Auswanderungsdruck zu verschärfen.

In verschiedenen kleineren Orten waren bereits in den Sommer- und Herbstmonaten 1938 Synagogen in Brand gesteckt worden, jedoch stellten Umfang und Perfektion der reichsweiten Schändungen vom 9. November ein Novum dar. Unverblümt legalisierte das Regime die brutalen Gewalttaten „als gerechten Ausbruch des Volkszorns".

Die Zerstörung der bis dahin noch bestehenden jüdischen Geschäfte, die nach dem Pogrom nicht wieder eröffnet werden durften, markierte den Abschluss der Verdrängung der Juden aus der Wirtschaft. Danach mussten die Besitzer der zerstörten Geschäfte auf eigene Kosten „das Straßenbild wiederherstellen". Als „Sühneleistung" wurde den Juden eine **Zahlung von einer Milliarde Reichsmark auferlegt.**[68] Wenige Tage nach den organisierten Ausschreitungen, am 14. November 1938, verfügte ein Erlass, dass jüdische Schüler keine deutschen Schulen mehr besuchen durften.

Auch die Berliner Synagoge in der Oranienburger Straße ging in der Reichspogromnacht 1938 in Flammen auf.

69 Ebd., S. 214 ff.

## Der Holocaust

Der Begriff **„Holocaust"** stammt aus dem Griechischen und wurde zunächst von amerikanisch-protestantischen Theologen benutzt. Er bezeichnet in seiner ursprünglichen Bedeutung ein vollständig vom Feuer verzehrtes (Tier-)Opfer. In der jüdischen Welt wird zur Beschreibung der Vernichtung der Juden im Nationalsozialismus der Begriff **„Shoa"** gebraucht. Er stammt aus dem Hebräischen und bedeutet „Katastrophe".

In aller Stille hatte sich die Behandlung der Judenpolitik in den Händen der SS konzentriert. Deren Sicherheitsdienst (SD) errichtete bereits 1935 ein besonderes Judenreferat. Die Ernennung Heinrich Himmlers zum Chef der gesamten deutschen Polizei im Juni 1936 erleichterte die Arbeitsteilung zwischen der staatlichen Gestapo und anderen Polizeistellen und der SS. Die schwarzgekleidete Schutzstaffel (SS) übernahm die Konzentrationslager und gründete zu diesem Zweck die „SS-Totenkopfverbände". Sie überzogen Deutschland mit einem **Konzentrationslager-System**. Während des Krieges war Adolf Eichmann Leiter des Judenreferates im Amt V (Gestapo) des Reichsicherheitshauptamtes (RSHA). Sein Name steht für die technokratische Skrupellosigkeit und Brutalität der im Hintergrund beteiligten Schreibtischtäter. Nach dem Krieg konnte er in Argentinien untertauchen, wurde jedoch vom israelischen

Heinrich Himmler (dritter von rechts) besichtigt 1941 mit SS-Führern ein Kriegsgefangenenlager.

Geheimdienst entdeckt, nach Jerusalem entführt und in einem weltweit Aufsehen erregenden Prozess im Dezember 1961 in Israel zum Tode verurteilt.

Kurz nach Kriegsbeginn füllten sich bereits die ersten Konzentrationslager mit Häftlingen aus den von der Wehrmacht besetzten Ländern. Vor allem in Polen wurden weitere Lager eingerichtet. Ende September 1939 entstand in der SS der Plan eines „Judenreservats“ oder „Reichsghettos“ im eroberten Polen. Der **Befehl zur Deportation der Juden aus dem deutschen Reichsgebiet** wurde am 14. Oktober 1941 erteilt. Zwei Tage später kamen die ersten Transporte aus Prag und Wien im Ghetto von Lodz an. Bis zum 2. November folgten vier Transporte von jeweils mehr als eintausend Menschen aus Berlin; hinzu kamen fünf Transporte aus Frankfurt, Köln, Hamburg und Düsseldorf. Weitere Transporte führten bis zum Januar 1942 in die Ghettos von Kowno, Minsk und Riga.

Ende Juli 1941 beauftragte Göring im Namen Hitlers Reinhard Heydrich „unter Beteiligung der dafür infrage kommenden Zentralinstanzen“ die nötigen Vorbereitungen für eine Vernichtung der Juden im deutschen Einflussbereich in Europa zu treffen. Parteifunktionäre und Ministerialbeamte kamen am 20. Januar 1942 zur **Wannsee-Konferenz** zusammen, um unter der Leitung Heydrichs Maßnahmen zur „Endlösung der Judenfrage“ zu koordinieren.

Die Konzentrationslager im Dritten Reich

Der im Protokoll der Wannsee-Konferenz verwandte nationalsozialistische Sprachgebrauch verharmloste den Völkermord durch die Bezeichnung „Endlösung“, was weniger kriminell und mehr nach einer historisch-politischen Aufgabe klingen sollte. Ebenso verbarg sich hinter der Tarnformel „Evakuierung nach Osten“ die physische Vernichtung und Ausrottung der Juden.

Im Wannsee-Protokoll ist die Erörterung von „Lösungsmöglichkeiten“ im Einzelnen nicht aufgeführt. In der Praxis kam es bald zur Errichtung der unvorstellbaren Vernichtungslager: Konzentrationslager, in denen Menschen „industriell“ mit Gas ermordet wurden. Während Kinder unter 15 Jahren und arbeitsunfähige Männer und Frauen sofort getötet wurden, sortierte man die Arbeitsfähigen aus und beutete sie als **Sklavenarbeiter** solange aus, bis sie zusammenbrachen. Das größte Vernichtungslager war **Auschwitz-Birkenau** bei Krakau. Im September 1941 fanden Experimente im Stammlager Auschwitz mit dem Blausäurepräparat Zyklon B statt, die mindestens neunhundert kriegsgefangenen sowjetischen Soldaten das Leben kosteten und das gewählte Gas als Tötungsmittel geeignet erscheinen ließen.[69]

An der Rampe zum Vernichtungslagers Auschwitz wurden die Ankommenden „selektiert“: jüdische Kinder und Frauen eines Deportationszugs aus Ungarn bei der Ankunft in Auschwitz im Oktober 1944.

70 Hermann Graml: Reichskristallnacht. Antisemitismus und Judenverfolgung im Dritten Reich. München 1998, S. 229.

Ab Ende März 1942 wurden die ersten Judentransporte aus Westeuropa und dem Reichsgebiet nach Auschwitz organisiert. Im Juni 1942 lief die Todesmaschinerie mit den **Massenvergasungen** von Juden in Auschwitz-Birkenau an. Als sich die Rote Armee Auschwitz näherte, befahl der Reichsführer der SS, Himmler, im November 1944 die Vergasungen in Auschwitz zu beenden und die Spuren zu verwischen. Eiligst begannen die SS-Wachmannschaften, die Spuren ihrer grausamen Taten zu beseitigen. Bis zu diesem Zeitpunkt waren in den Todeslagern mindestens drei Millionen Juden, Hunderttausende Sinti und Roma, kranke Häftlinge und Kriegsgefangene ermordet worden. Zunächst wurden die Gaskammern gesprengt, danach wurde auch damit begonnen, die Krematorien zu zerstören. Die Todesmaschinerie lief jedoch **bis zum Schluss.** Die noch verbliebenen etwa 100 000 Häftlinge wurden bei eisiger Kälte unter schärfster Bewachung zu den Bahnhöfen im benachbarten oberschlesischen Industriegebiet geführt. Häftlinge, die vor Kälte und Erschöpfung zusammenbrachen, wurden auf der Stelle erschossen. Bis Ende April 1945 wurden Vergasungen in den Konzentrationslagern Ravensbrück und Mauthausen vorgenommen. Hitlers Ziel, die Ausrottung der Juden, war selbst im Untergang des Dritten Reiches nahezu erreicht worden. Über 3 000 000 Juden waren allein in Polen ermordet worden.

Am 27. Januar 1945 befreiten Soldaten der Roten Armee die wenigen noch überlebenden Frauen, Männer und Kinder im Vernichtungslager Auschwitz. Ungefähr 5 000 Lagerinsassen fanden sie noch vor. Seit 1996 ist der 27. Januar in der Bundesrepublik ein offizieller Gedenktag, am dem der Opfer des Nationalsozialismus gedacht wird.

Vollkommen erschöpft und hoffnungslos nahmen sich KZ-Häftlinge am elektrischen Zaun das Leben. Bei der Befreiung von Bergen-Belsen im April 1945 stießen die Engländer auf diese Leichengruben.

## Sinti und Roma

Die nationalsozialistische „Zigeunerpolitik“ mündete ebenso zielstrebig im **Völkermord** wie die „Judenpolitik“. Die Ausrottung der „Zigeuner“ gehörte zu den erklärten rassenpolitischen Zielen des Reiches. 1942 schrieb Reichsjustizminister Thierack an Martin Bormann, den Chef der Parteikanzlei der NSDAP: „Geleitet von dem Gedanken, den deutschen nationalen Organismus von Polen, Russen, Juden und Zigeunern zu befreien und gleichsam geleitet von dem Gedanken, die östlichen an das Reich angeschlossenen Gebiete, die für die Ansiedlung deutscher Bevölkerung bestimmt sind, zu säubern – beabsichtige ich, die Strafverfolgung von Polen, Russen, Juden und Zigeunern der SS zu übergeben. Ich gehe dabei von der Voraussetzung aus, dass der Strafvollzug nur im beschränkten Maße zur Vernichtung dieser Volksgruppe beitragen kann.“[70]

Obwohl die „Nürnberger Gesetze“ Sinti und Roma nicht ausdrücklich erwähnten, galten sie auch für diese Volksgruppe und machten sie formal zu Bürgern minderen Rechts. 1938 wurde im Reichskriminalpolizeiamt eine „Reichszentrale zur Bekämpfung des Zigeunerunwesens“ gebildet. Im Dezember desselben Jahres verfügte ein Runderlass Himmlers die systematische Erfassung und erkennungsdienstliche Behandlung aller Sinti und Roma im Reichsgebiet. Aber schon vor Himmlers Erlass waren Sinti und Roma verfolgt und in „Schutzhaft“ in die Konzentrationslager eingewiesen worden. Als Vorwand diente der traditionelle Vorwurf, sie seien „asozial“; als Indiz dafür galt, keine „geregelte Arbeit“ nachweisen zu können. Ab Mai 1940 begannen die organisierten Deportationen ganzer Familien aus dem Gebiet des Deutschen Reiches nach Polen; im Frühjahr 1942 begann dann die systematische Verschleppung aus den besetzten europäischen Ländern. Im Herbst desselben Jahres wurde die „Abgabe der Strafverfolgung gegen Juden und Zigeuner“ in die Hände der SS gelegt, was in der Praxis bedeutete, dass Sinti und Roma völlig rechtlos wurden und der Willkür von Polizei und SS ausgeliefert waren. Deportierte und einheimische „Zigeuner“ wurden vor allem in Polen und in der Sowjetunion durch Einsatzgruppen oder in den Vernichtungslagern ermordet. Allein am 2. August 1944 starben 2 897 Sinti und Roma in den Gaskammern von Auschwitz. Mit Sicherheit sind mehr als 200 000 Sinti und Roma dem nationalsozialistischen Völkermord zum Opfer gefallen, Schätzungen reichen bis zu einer halben Millionen.[71]

71 Wolfgang Benz: Der Holocaust. München 1995, S. 94 f.
72 Vgl. Ebd.„ S. 93–100.´

## Die Zuschauer

Was wusste die **deutsche Bevölkerung** über die verbrecherischen Vorgänge der „Endlösung der Judenfrage“? Signalisierte nicht das Verschwinden der Juden oder die Aufgabe ihres Besitzes deutlich genug, was vor sich ging? Dazu der Historiker Hermann Graml: „Während der Vernichtungsprozess seinen Gang nahm, arbeitete die Bevölkerung so unverdrossen, funktionierte die Staatsverwaltung so zuverlässig und stand die Wehrmacht, bis zuletzt mit Staunen erregender Tapferkeit kämpfend, so fest vor dem ‚Führer‘ und seinem System, dass dem Apparat der SS und Polizei weder von außen noch von innen eine Störung drohte. Dabei wurde die ‚Endlösung‘ auch in Deutschland schon während ihres Vollzugs wahrgenommen. Nachdem die Judenverfolgung bis 1941 ohnehin vor aller Augen abgelaufen war und dann das Wüten der Einsatzgruppen in Russland zahllose – keineswegs diskret gebliebene –Beobachter gefunden hatte, drang auch über das Geschehen in den Vernichtungslagern genügend durch, um jedem, der wissen wollte, ein leidliches Gesamtbild zu geben. Schließlich war am Ablauf des Ausrottungsfeldzugs ein gar nicht kleiner Teil des Staatsapparats unmittelbar beteiligt. Vom Auswärtigen Amt über das Reichsministerium und unzählige Kommunalverwaltungen bis zur Reichsbahn, und die bei Beginn der ‚Endlösung‘ aufgetretene Ruhmredigkeit etlicher Spitzenfiguren des Regimes schaffte sich auch während der Exekution Luft.“[72]

## Jüdischer Widerstand

Erst in den vergangenen Jahren wird den jüdischen Widerstandsgruppen in historischen Darstellungen die entsprechende Beachtung geschenkt. Darüber hinaus muss das weitverbreitete Klischee, Juden seien nur wehr- und widerstandslose Opfer gewesen, revidiert werden. Zugleich gilt auch, was der Historiker Arnold Paucker formulierte: der jüdische Widerstand gehört zur allgemeinen Widerstandsgeschichte und muss stets zum deutschen Widerstand und den europäischen Widerstandsbewegungen in Bezug gesetzt werden.[73]

73 Hermann Graml: Reichskristallnacht. Antisemitismus und Judenverfolgung im Dritten Reich. München 1998, S. 249 f.

74 Arnold Paucker: Standhalten und Widerstehen. Der Widerstand deutscher und österreichischer Juden gegen die nationalsozialistische Diktatur. Essen 1995, S. 9.

Deutsche Juden entwickelten ab 1933 **eigenständige Formen der Selbstbehauptung und des Widerstandes.** Mit Gründung der Reichsvertretung der deutschen Juden im September 1933 schufen jüdische Verbände und Gemeinden eine vereinte Organisation, die über die bestehenden innerjüdischen die ideologischen Grenzen hinweg wirkte und die Atomisierung der jüdischen Gesellschaft und die Lahmlegung ihrer Institutionen unter dem antijüdischen Terror verhinderte. An der Spitze der Reichsvertretung stand der Berliner Rabbiner Leo Baeck. Von ihm stammt auch der an die Jüdischen Gemeinden gesandte Text zum Versöhnungstag an Jom Kippur, 6. Oktober 1935. Die als „Kol Nidre Gebet" bekannt gewordene Ansprache ist als **Protestwort gegen die im September 1935 verkündeten Nürnberger Gesetze** zu lesen. Kurz vor der Verlesung wurde der Text von der Gestapo verboten und die Vernichtung aller Exemplare angeordnet. Die vorübergehende Festnahme von Leo Baeck und Otto Hirsch, der die praktische Arbeit der Reichsvertretung leistete, ist auf den mutigen Text der Ansprache zurückzuführen. Julius Hirsch wurde später 1941 im KZ Mauthausen ermordet, Leo Baeck (1873–1956) überlebte das Konzentrationslager Theresienstadt, wo er als unbestrittene moralische Instanz den Mithäftlingen seelsorgerisch beistand.

Eine weitere Gruppe bildeten Juden, die in die illegale Arbeit der verbotenen Linken gingen, jüdische Kommunisten, Sozialisten und Gewerkschafter, die schon in der Weimarer Republik politisch aktiv gewesen waren. Dieser Kreis umfasste schätzungsweise 1 000 bis 1 500 Personen.[74] Die zweitgrößte Gruppe bildeten Jugendliche innerhalb der jüdischen Jugendbünde. In Zellen der zionistischen und nicht-zionistischen Jugendorganisationen stellten sie Aufklärungsmaterial her und gaben es weiter. Darüber hinaus knüpften sie Kontakte zu anderen Widerstandsgruppen. Überregional agierte beispielsweise die Herbert-Baum-Gruppe, deren Name für mehrere Widerstandskreise steht, die insgesamt über einhundert Personen umfassten.[75] Im Mai 1942 unternahmen sie einen Brandanschlag auf die antikommunistisch inszenierte Propagandaausstellung „Das Sowjetparadies" in Berlin. In ihrer Verunsicherung hielten die Nationalsozialisten die Widerstandsaktion geheim und beseitigten die Schäden noch in derselben Nacht.

Der militante Widerstand in den Konzentrations- und Vernichtungslagern unterlag von Anfang an einem kaum auflösbaren Dilemma. Das bekannteste

**75** Arnold Paucker: Standhalten und Widerstehen. Der Widerstand deutscher und österreichischer Juden gegen die nationalsozialistische Diktatur. Essen 1995, S. 26 ff.

**76** Wolfgang Benz, Walter H. Pehle (Hrsgg.): Lexikon des deutschen Widerstands. Frankfurt 1994, S. 225.

Beispiel bildet der **Aufstand im Warschauer Ghetto**. Nach der Verschleppung von 300 000 Bewohnern in das Vernichtungslager Treblinka leistete die verbliebenen 60 000 Juden bei der endgültigen Räumung im April 1943 bewaffneten Widerstand. Dabei wurden fast alle Juden von SS- und Polizeiverbänden liquidiert und das Ghetto dem Erdboden gleichgemacht. Weitere Aufstände gab es in Sobibor (Oktober 1943) und Treblinka (August 1943).[76]

Nach fast genau zwei Monaten wurde der Warschauer Ghettoaufstand im Mai 1943 durch SS- und Polizeiverbände unter Beteiligung der Wehrmacht niedergeschlagen. Die überlebenden Juden: Männer, Frauen und Kinder wurden sofort ermordet oder in das Vernichtungslager Treblinka verbracht, wo sie bis auf wenige einzelne umkamen. Das Ghetto wurde anschließend komplett aufgelöst und abgebrochen.

Zu den Formen des unbewaffneten Widerstands müssen unter anderem das Hineinschmuggeln von Nahrungsmitteln in Ghettos oder kulturelle, pädagogische und politische Aktivitäten, die dazu dienten, die Moral und den Lebensmut zu stärken, zählen. Bekanntes Beispiel dafür ist der Unterricht für die Kinder im Ghetto Theresienstadt, der trotz Verbots statt fand.

77 Yehuda Bauer: Die dunkle Seite der Geschichte. Die Shoah in historischer Sicht. Interpretationen und Re-Interpretationen. Frankfurt am Main 2001, S. 177.

# Kriegsende und Bilanz

## Kriegsende

Als am 25. April 1945 bei Torgau an der Elbe amerikanische und sowjetische Truppen zusammentrafen, hatte sich schon seit längerem das militärische Ende Deutschlands abgezeichnet. Am 29. April 1945 kapitulierten die deutschen Streitkräfte in Italien. Einen Tag später entzog sich Hitler der Verantwortung und beging Selbstmord im Bunker der Reichskanzlei in Berlin, Goebbels folgte seinem „Führer" am 1. Mai. Berlin war zu diesem Zeitpunkt schon von allen Verbindungen abgeschnitten und kapitulierte am 2. Mai. Hitler hatte in seinem politischen Testament **Großadmiral Dönitz** zum Reichspräsidenten und Oberbefehlshaber der Wehrmacht ernannt, der Mürwik bei Flensburg als „Regierungssitz" wählte. Dönitz verfolgte die Taktik einer Teilkapitulation gegenüber den Westalliierten, damit möglichst viele Soldaten und Flüchtlinge in den Westen gelangen konnten. Dieser Versuch scheiterte an der energischen Forderung der Westalliierten nach sofortiger bedingungsloser Kapitulation.

EXTRA THE STARS AND STRIPES EXTRA

HITLER DEAD

*Fuehrer Fell at CP, German Radio Says; Doenitz at Helm, Vows War Will Continue*

Eine Woche nach dem Selbstmord Hitlers unterzeichnete Generaloberst Jodl am 7. Mai 1945 die deutsche Kapitulation.

Am 7. Mai 1945 unterzeichnete Generaloberst Jodl als Chef des Wehrmachtsführungsamtes die **Kapitulationsurkunde** auch im Beisein eines sowjetischen Vertreters. Sie trat am 8. Mai in Kraft. Die gleiche Zeremonie wurde im sowjetischen Hauptquartier Berlin-Karlshorst am 9. Mai kurz nach Mitternacht durchgeführt. Entsprechend den alliierten Vereinbarungen übernahmen die Siegermächte die oberste Regierungsgewalt in Deutschland und lösten die von Hitlers Nachfolger Großadmiral Dönitz gebildete Regierung unter dem früheren Finanzminister Graf Schwerin von Krosigk am 23. Mai 1945 auf.[78]

In Asien endete der Krieg am 2. September 1945 mit der Kapitulation der japanischen Armee. Am 26. Juli 1945 hatten auf der Konferenz von Potsdam die Alliierten Japan ultimativ aufgefordert, die Waffen niederzulegen. Als die Japaner dies ablehnten, beschloss der neue amerikanische Präsident Truman den **Einsatz der Atombombe**, die erst im selben Monat getestet worden war. Am 6. und 9. August 1945 erfolgten die Abwürfe von Atombomben auf die japanischen Städte Hiroshima und Nagasaki. Die neuen Waffen entfalteten eine bis dahin unbekannte Zerstörungskraft: Mehr als 200 000 Menschen wurden getötet, 100 000 verwundet und Tausende starben an den Spätfolgen.

## Die Schreckensbilanz

Schätzungsweise 55 Millionen Menschen verloren im Zweiten Weltkrieg ihr Leben. Unter den Opfern hatte die Sowjetunion über 20 Millionen Tote zu beklagen; darunter mehr als 13 Millionen sowjetische Soldaten. Das deutsche Volk bezahlte seine Loyalität zur nationalsozialistischen Führung teuer. In Deutschland starben 5,25 Millionen Menschen, darunter mehr als eine halbe Million Zivilisten im Luftkrieg. Die Zahl der durch NS-Verbrechen in Europa ums Leben gekommenen Personen wird auf mindestens 13 Millionen Menschen geschätzt. Der Judenvernichtung fielen über sechs Millionen Menschen zum Opfer. Zehn bis zwölf Millionen ehemals nach Deutschland verschleppte Kriegsgefangene und Zwangsarbeiter (DP: displaced persons) waren bei Kriegsende im zerstörten Deutschland unterwegs. Die Zahl der vertriebenen Deutschen beläuft sich auf 12 Millionen. 2,27 Millionen kamen durch die Folgen von Flucht und Vertreibung ums Leben. Die Unmenschlichkeit des Krieges erschließt sich jedoch nur, wenn wir hinter den nackten Zahlen den verbrecherischen Handlungen nachspüren, die zum Tode vieler Millionen unschuldiger Menschen geführt haben.

Die Bilanz der Zerstörung Deutschlands durch den Größenwahn des „tausendjährigen Reiches“ ist verheerend. Fast jede vierte Wohnung in Deutschland war zerstört. Manche Städte waren gar völlig dem Erdboden gleich; Düren verlor 99,2 Prozent seiner Wohnungen, Paderborn 96,9 Prozent. Die große Zahl zerstörter Wohnungen entwickelte sich zu einem der größten sozialen Probleme der Nachkriegszeit in Deutschland, verschärft durch den Zuzug von Millionen Flüchtlingen und Vertriebenen.

78 Bernd Jürgen Wendt: Deutschland 1933–1945. Das Dritte Reich. Hannover 1995, S. 562 f.

## Kriegszerstörungen an Wohnraum in den deutschen Städten

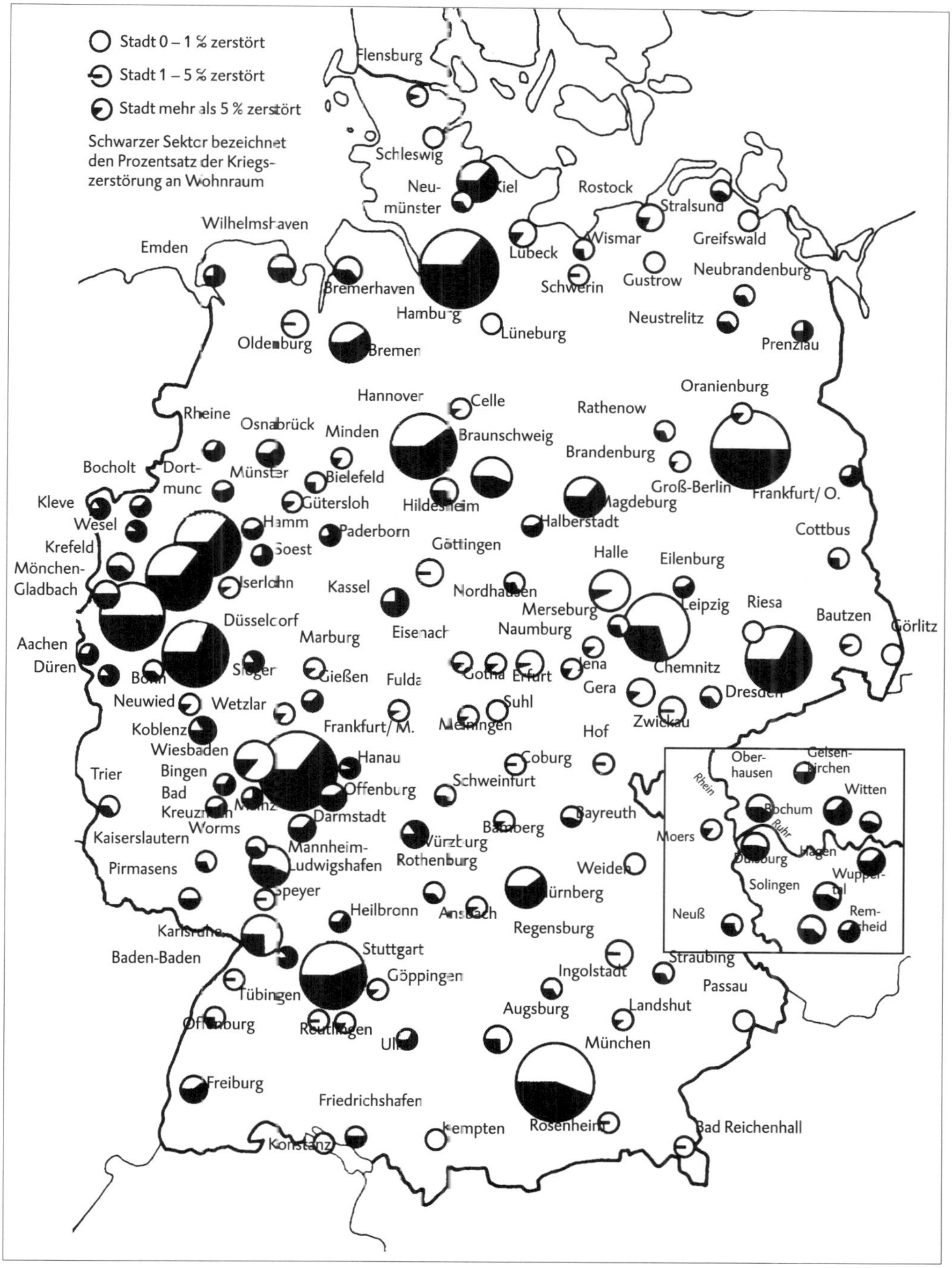

## Die Potsdamer Konferenz

Vom 17. Juli bis zum 2. August 1945 fand in Potsdam das **Treffen** der **„großen Drei"** (USA, Sowjetunion und Großbritannien) statt. Es war die letzte Kriegskonferenz der Hauptmächte in der Anti-Hitler-Koalition. Für den am 12. April 1945 verstorbenen Präsidenten Roosevelt vertrat sein Nachfolger Truman die USA. Während der Konferenz (28. Juli) wurde der britische Premierminister Churchill durch den in den Unterhauswahlen siegreichen Führer der Labour Party, Attlee, abgelöst. Zwischen Stalin und den Vertretern der Westmächte kam es zu harten Auseinandersetzungen um die Vertragsinhalte. In der kurzen Zeitspanne zwischen Krimkonferenz und Kapitulation Deutschlands hatte sich das Verhältnis zwischen der Sowjetunion und den Westmächten verschlechtert. Vor allem das expansive Vorgehen der Sowjetunion bei der Besetzung der südosteuropäischen Länder und die Etablierung kommunistischer Politiker in der neuen Regierung Polens sorgten für Unruhe. Bereits am 12. Mai 1945 sprach Churchill von einem Eisernen Vorhang, der Europa trenne. Doch in der Niederwerfung Japans bestand noch ein gemeinsames Kriegsziel der Alliierten und die Notwendigkeit zu einem Kompromiss zu finden.
Die wichtigsten **Bestimmungen der Potsdamer Konferenz** waren:

- Grenzregelungen: Übergabe von Nord-Ostpreußen an die UdSSR, Unterstellung weiterer Gebiete östlich der Oder-Neiße-Linie unter polnische Verwaltung,
- Ausweisung (Vertreibung) der deutschen Bevölkerung aus Osteuropa und den deutschen Ostgebieten,
- Reparationszahlungen, vor allem an die UdSSR,
- Verwaltung des besetzten Deutschlands durch den Rat der Außenminister bzw. durch den alliierten Kontrollrat,
- Beibehaltung der wirtschaftlichen Einheit Deutschlands,
- Völlige Abrüstung und Entmilitarisierung Deutschlands,
- Entnazifizierung und Umgestaltung des politischen Lebens in Deutschland auf demokratischer Grundlage.

Der Beschluss über die wirtschaftliche Einheit Deutschlands und zu gegebener Zeit eine gesamtdeutsche Zentralverwaltung einzurichten, war bereits von Anfang an kaum realisierbar, da jede Besatzungsmacht ihre Reparationsansprüche zunächst aus ihrer jeweiligen Zone befriedigen sollte. Die Verwendung von Begriffen wie „politisches Leben auf demokratischer Grundlage", die in Ost und West ganz **verschiedene Interpretationen** hatten, führten in der Folgezeit zu einer völlig unterschiedlichen Auslegung des Potsdamer Abkommens je nach der Interessenlage der jeweiligen Siegermacht.

## Entnazifizierung

Nach dem Ende des „Dritten Reiches" kehrten mit Billigung und Hilfe der Besatzungsmächte Persönlichkeiten auf die politische Bühne zurück, die sich bereits in der Weimarer Republik als Nazigegner oder zumindest als Nichtnazis erwiesen hatten. Diese Politikergeneration war sich bei allen Unterschieden einig, dass die Untaten des Nationalsozialismus vor allem Solidarität mit den Opfern und öffentliches Erinnern geboten. Der Konsens der ersten Stunde war freilich nicht von langer Dauer.

Im Potsdamer Abkommen war die **Entfernung von Anhängern des Nationalsozialismus aus dem öffentlichen Leben** vertraglich festgehalten worden. Zu diesem Zweck mussten zahlreiche Deutsche Auskunft über ihre Vergangenheit im „Dritten Reich" geben. Die von der Entnazifizierung Betroffenen wurden in fünf Gruppen eingestuft: Hauptschuldige (Kriegsverbrecher), Belastete, Minderbelastete, Mitläufer und Entlastete. Diese Praxis sollte in den verschiedenen Zonen jedoch unterschiedlich gehandhabt werden. In den Westzonen wurden 98 Prozent der ca. 6 Millionen Betroffenen als Mitläufer eingestuft. In der sowjetischen Besatzungszone endete die Entnazifizierung 1948. Dort nutzten die Sowjets die Gelegenheit, alle politisch unliebsamen Personen zu entfernen.

Die Beendigung der verhassten politischen Säuberungen war für Hunderttausende in den Zonen der Westalliierten geradezu der Prüfstein für die Souveränität des neuen Staates: „Die radikale Ausmusterung der besatzungspolitischen Säuberungs- und Sühnevorschriften wollte deshalb als ein symbolischer Schlussstrich unter die Zeit der direkten Besatzungsherrschaft verstanden werden, zugleich aber bereits als eine gewisse Abschließung des ‚Neuanfangs' gegenüber den Kriegsjahren, auf die sich – ungewollt befördert durch die Kriegsverbrecherprozesse der Alliierten – die ohnehin nur schwach entwickelte Wahrnehmung des Unrechtscharakters des ‚Dritten Reiches' inzwischen weitgehend beschränkte."[79] 1949/50 kamen in Westdeutschland die Entnazifizierungsverfahren zum Erliegen.

Insgesamt erwies sich die Entnazifizierung als Papiertiger. Der angestrebte Effekt wurde wegen der Ablehnung der Verfahren durch die Deutschen nicht erreicht. Scheinbar unentbehrliche, aber belastete Spitzenkräfte aus Wirtschaft und Verwaltung kehrten im Zuge des Wiederaufbaus in ihre Positionen und Ämter zurück.

79 Norbert Frei: Vergangenheitspolitik. Die Anfänge der Bundesrepublik und die NS-Vergangenheit. München 1999, S. 15.

## Das historische Erbe

Es besteht kaum ein Zweifel, dass die Mehrzahl der Deutschen das Kriegsende am 8. Mai 1945 zwar erleichtert, aber dennoch als Niederlage oder Zusammenbruch empfand. War nun Aachen im Oktober 1944 die erste „befreite" deutsche Stadt? Für die Verfolgten, Deportierten, Inhaftierten, Emigranten und Widerständler mit Sicherheit. Die allmähliche Akzeptanz, den 8. Mai nicht als Tag der „Niederlage" oder „Kapitulation", sondern als „Tag der Befreiung" zu begehen, ist Ausdruck eines langwierigen, kollektiven Lernprozesses.

Fragwürdig ist das Schlagwort von der **„Stunde Null"**, denn das Leben ging weiter. Der Begriff mag insofern zutreffend sein, als er mehr beinhaltet als die Charakterisierung des staatlichen und militärischen Endes. Er kennzeichnet die Infragestellung von bis dahin weit verbreiteten Einstellungen und Werten und beschreibt zudem die Situation physischer Not bei Kriegsende. Die Bewältigung von Alltagsproblemen und die Überwindung von Kriegsschäden rangierte bald vor der Auseinandersetzung mit Kriegsursachen und Kriegsschuld.

Am 8. Mai 1985 erklärte der damalige Bundespräsident Richard von Weizsäcker: „Es gab keine ‚Stunde Null', aber wir hatten die Chance zu einem Neubeginn. Wir haben sie genutzt, so gut wir konnten. An die Stelle der Unfreiheit haben wir die demokratische Freiheit gesetzt." Der Versuch einer juristischen Vergangenheitsbewältigung (Entnazifizierung) misslang im Wesentlichen. Im **Nürnberger Kriegsverbrecherprozess** (November 1945 bis November 1946) wurden die nationalsozialistischen Größen angeklagt, deren man noch habhaft werden konnte. Darunter befanden sich Hermann Göring, NS-Reichsaußenminster Ribbentrop und der Reichsinnenminister Frick.

Am 14. November 1945 begann der Prozess gegen 22 Angeklagte vor dem internationalen Militärgerichtshof in Nürnberg. Am 16. Oktober wurden zehn Todesurteile vollstreckt; sieben Verurteilte erhielten Haftstrafen zwischen zehn Jahren und lebenslänglich.

Aufgrund täglich neuer Enthüllungen über nationalsozialistische Untaten entstand in der Weltöffentlichkeit das Bild einer **„Kollektivschuld der Deutschen“**. Dagegen argumentierte der Philosoph Karl Jaspers 1946: „Kollektivschuld also gibt es zwar notwendig als politische Haftung der Staatsangehörigen, nicht aber darum im gleichen Sinne als moralische und metaphysische und nicht als kriminelle Schuld [...].“[80] Die Vorstellung der siegreichen Alliierten von der „kollektiven Schuld“ wurde zudem frühzeitig durch die Veröffentlichungen von Memoiren von Personen, die zum Widerstand gehörten, korrigiert. In der Tätergeneration setzte sich jedoch die Abkehr von der eigenen Tatgeschichte durch. Als ob es keine Deutschen gegeben hätte, die sich an den Verbrechen des „Dritten Reiches“ beteiligt hatten, fand die Entlastungsformel vom „Verbrechen, das im Namen der Deutschen“ begangen worden sei, Verbreitung.

In dem **„Stuttgarter Schuldbekenntnis“** vom Oktober 1945 sprach der Rat der Evangelischen Kirchen Deutschlands von einer kirchlichen Mitschuld, aber nur vier von 27 Landeskirchen stellten sich hinter diese Erklärung. Mit Beginn des „Kalten Krieges“ wurden aus ehemaligen Kriegsgegnern Verbündete. In der Bundesrepublik erschien eine moralische Auseinandersetzung mit der Vergangenheit dem Bündnis mit den Alliierten erst recht hinderlich, in der DDR ersetzte ein staatlich verordneter „Antifaschismus“ die Vergangenheitsbewältigung, die somit im Dienste des Kalten Krieges stand.

Rund zwanzig Jahre nach Kriegsende hörten im **Auschwitz-Prozess** (1963 bis 1965) in Frankfurt viele zum ersten Mal in aller Öffentlichkeit und Deutlichkeit, was rund zwei Jahrzehnte lang verschwiegen, vergessen oder verdrängt worden war. Dieses Schweigen über Auschwitz haben erst die Zeugen gebrochen, denn sie trugen die Hauptlast der Beweisführung. Sie haben viele Tote der Anonymität entrissen und ihnen ihre Namen zurückgegeben und dadurch dazu beigetragen, das System der Vernichtung nach und nach aufzuklären. Geschwiegen haben dagegen die Angeklagten. Das erste umfangreichere Buch eines deutschen Historikers über den Massenmord erschien in Deutschland erst 1960.[81]

Spätestens seit Anfang der Achtziger Jahre bestand in der bundesdeutschen Öffentlichkeit ein breiter Konsens über die Auffassung, vor allem in den ersten beiden Nachkriegsjahrzehnten sei die **NS-Vergangenheit wesentlich verdrängt** worden. Mitte der Fünfzigerjahre hatte sich in Westdeutschland ein öffentliches Bewusstsein durchgesetzt, das die Verantwortung für die Schand-

**80** Neubeginn und Wiederaufbau 1945–1949. Bundeszentrale für politische Bildung. Bonn 1989, S. 17.
**81** Wolfgang Scheffler: Judenverfolgung im Dritten Reich. 1933 bis 1945. Berlin 1960.

taten des „Dritten Reiches" allein Hitler und einer kleinen Clique von „Hauptkriegsverbrechern" zuschrieb, während es den Deutschen in ihrer Gesamtheit den Status von politisch „Verführten" zubilligte, die der Krieg und seine Folgen schließlich selbst zu „Opfern" gemacht hatte.[82]

Der Respekt vor den Opfern verlangt, sich mit dem Geschehenen auseinanderzusetzen. Seit 1996 ist in Erinnerung an die Befreiung des Vernichtungslagers Auschwitz der **27. Januar offizieller Gedenktag** in Deutschland für die Opfer des Nationalsozialismus. Im Mai 2005 wurde in Berlin in unmittelbarer Nähe zum Brandenburger Tor das **Denkmal für die ermordeten Juden Europas** eingeweiht. Zuvor hatte sich der Deutsche Bundestag (1999) für den in einem zweistufigen Wettbewerbsverfahren ausgewählten, überarbeiteten Denkmalentwurf von Peter Eisenmann entschieden. Die Diskussionen um die **Gestaltung des Holocaust-Denkmals** in Berlin, der Disput über die **Thesen Daniel Goldhagens**, die Kontroverse um die **Wehrmachts-Ausstellung** und die **Walser-Bubis-Debatte** belegen, dass die Auseinandersetzung mit der Vergangenheit ein wichtiger Bestandteil der deutschen politischen Nachkriegskultur geworden ist.

## Öffentliche Debatten

1996 veröffentlichte der junge amerikanische Politikwissenschaftler **Daniel Jonah Goldhagen** sein Buch „Hitler's Willing Executioners". Die Übersetzung **„Hitlers willige Vollstrecker"** stieß in Deutschland auf großes Echo. Die erste Auflage war bereits vor Auslieferung an die Buchhandlungen verkauft. Auf die Frage, warum es zum Holocaust kam, bietet Goldhagens Buch in scharfem Gegensatz zum weitaus größten Teil der wissenschaftlichen Literatur eine äußerst klare und simple Antwort: Bereits ab Anfang des 19. Jahrhunderts sei im deutschen Volk ein einzigartiger **„eliminatorischer Antisemitismus"** verbreitet gewesen, und sobald sich den Deutschen unter Hitler die Gelegenheit bot, hätten sie die Juden eliminiert.

Goldhagens Beitrag zur geschichtswissenschaftlichen Debatte war weder besonders qualitätsvoll, noch war die von ihm gebotene Darstellung zur „Endlösung" intellektuell überzeugend. Vor allem zielte seine These darauf ab, dass Antisemitismus als Ideologie nicht nur von überzeugten Nationalsozialisten, sondern vom deutschen Volk („gewöhnlichen Deutschen") als Ganzes geteilt worden und es darin einzigartig gewesen sei.

82 Norbert Frei: Vergangenheitspolitik. Die Anfänge der Bundesrepublik und die NS-Vergangenheit. München 1999, S. 405.

Zahlreiche renommierte Historiker waren sich einig, dass dieser Standpunkt nicht haltbar sei: Der britische Historiker Ian Kershaw urteilte: „Goldhagen verwendet die Quellen äußerst selektiv und gelangt so zu dem Bild eines Volkes, aus dessen seit dem Mittelalter nachweisbarer, tiefsitzender, endemischer antisemitischer Mentalität im 19. Jahrhundert eine einzigartige, der ganzen deutschen Gesellschaft eigene, ‚eliminatorische' Art des Antisemitismus hervorging. Diese von vornherein große Verallgemeinerung dient sodann als Antwort auf alle – im Prinzip nur rhetorisch gestellten Fragen. Warum zum Beispiel gab es keinen deutschen Widerstand gegen die Vernichtung der Juden? Das ist leicht zu beantworten: Die Deutschen waren eben alle eliminatorische Antisemiten. Die Dämonisierung der Deutschen liefert insofern die ‚Antwort' auf sämtliche Fragen. Grundlage des Werkes ist ein argumentativer Zirkelschluss. In Wirklichkeit existiert eine Menge von – teilweise auch von jüdischen Historikern verfassten – Büchern, die belegen, dass es sowohl vor der nationalsozialistischen Machtübernahme als auch während des ‚Dritten Reiches' ein vielfältiges Verhaltensspektrum gegenüber Juden gegeben hat."[83]

Die erste Version der Ausstellung „Vernichtungskrieg. Verbrechen der Wehrmacht 1941 bis 1944" zog ca. 900 000 Besucher an. Kernthese der Ausstellung war, dass die **Legende von der „sauberen Wehrmacht"**, der zufolge die Wehrmacht Distanz zu Hitler und dem NS-Regime gehalten und mit Anstand und Würde ihre militärische Pflicht erfüllt habe, falsch sei. Die im März 1995 erstmalig gezeigte Ausstellung dokumentierte die Dimensionen des Vernichtungskriegs auf den Kriegsschauplätzen im Osten und in Südosteuropa und die Mitwirkung der Wehrmacht an Kriegsverbrechen und löste damit eine ungeheuer breite Kontroverse in der Öffentlichkeit aus. Dabei drehte sich die Diskussion sowohl um die Aussagen der Ausstellung als auch um die Form der Präsentation, die mit ihrer Emotionalisierung den Nerv der Zeit traf. Der unbekümmerte Umgang der Ausstellungsmacher mit dem Medium der Fotografie rief Kritik an der handwerklichen, wissenschaftlichen Qualität der Ausstellung hervor. Im November 1999 wurde die Ausstellung zurückgezogen und einer vorübergehenden Überarbeitung unterworfen, die seit 2001 zu sehen ist. Dass die Neuauflage bei identischer Kernaussage und vergleichbarem Bild- und Textmaterial beinahe nur Zustimmung erfährt, belegt die mittlerweile allgemeine Akzeptanz des Grundtenors der Ausstellung und den Wandel im öffentlichen Geschichtsbewusstsein.

Im Rahmen einer Diskussionsveranstaltung zur Frage nach der Gestaltung des Berliner „Prinz-Albrecht-Geländes", dem Ort, an dem sich Schaltzentralen

**83** Ian Kershaw: Der NS-Staat. Geschichtsinterpretationen und Kontroversen im Überblick. Reinbek bei Hamburg 1999, S. 389.

von Gestapo, SS und Reichssicherheitshauptamt befanden, forderte die Fernsehjournalistin Lea Rosh im August 1988 erstmals die Errichtung eines „Mahnmals" für die während der NS-Zeit ermordeten Juden. In der darauf folgenden **Debatte um das Denkmal für die ermordeten Juden Europas** kämpften Gegner und Befürworter des Projekts bis zum Beschluss des Deutschen Bundestags 1999 mit harten Bandagen. Auf politischer Seite verweist man inzwischen sehr gerne darauf, dass das Denkmal dauerhafter Ausdruck für eine gelungene Auseinandersetzung mit der NS-Vergangenheit sei.

Auf die Debatte um das Denkmal für die ermordeten Juden Europas bezog sich auch der Schriftsteller **Martin Walser** in seiner **Rede in der Frankfurter Paulskirche** anlässlich der Verleihung des Friedenspreises des Deutschen Buchhandels im Oktober 1998, als er meinte, in der Diskussion um das Holocaustdenkmal in Berlin könne die Nachwelt einmal nachlesen, was Leute anrichteten, die sich für das Gewissen von anderen verantwortlich fühlten: „Die Betonierung des Zentrums der Hauptstadt mit einem fußballfeldgroßen Alptraum." Weiterhin bezeichnete Walser Auschwitz als „Moralkeule" und beklagte die Holocaust-Erinnerung in Deutschland als unerwünschte „Dauerpräsentation unserer Schande". Der Vorsitzende des Zentralrats der Juden in Deutschland, Ignatz Bubis, war erschüttert über den stürmischen Beifall des Publikums. Walsers Worte nannte er später „geistige Brandstiftung". Von dieser Formulierung distanzierte er sich dann zwar wieder, er löste damit aber eine emotionsgeladene Debatte in der deutschen Medienöffentlichkeit über den Umgang der jungen Berliner Republik mit der nationalsozialistischen Vergangenheit aus. Sie dauert bis heute an.

Die skizzierten Debatten belegen, dass man weit davon entfernt ist, den Nationalsozialismus zu „historisieren" und ihn als Geschichtsperiode wie andere auch zu betrachten. Positiv gemünzt jedoch zeigen sie, dass die öffentliche Auseinandersetzung um die Geschichte ein wichtiges Merkmal einer offenen Gesellschaft ist.

# Nationalsozialismus und Faschismus

Die Frage nach der Struktur und der Ideologie des Nationalsozialismus gehört zu den zentralen Problemfeldern der Geschichtswissenschaft. Die Heftigkeit der Debatten hängt mit der damit verbundenen Frage nach dem historischen Standort des Nationalsozialismus in der deutschen und europäischen Geschichte zusammen. In der Diskussion um die Struktur wurden in der Vergangenheit das Totalitarismus- bzw. das Faschismuskonzept angeboten, ohne dass es je einen Konsens über die Tragfähigkeit solcher Gattungsbegriffe gegeben hätte. Während sich die **Faschismustheorien** in der Regel auf die Bewegungsphasen (Entstehungsbedingungen, Ziele, Strukturen und Funktionen) konzentrieren, bezieht sich das **Totalitarismuskonzept** auf vergleichbare politische Herrschaftsstrukturen in anderen Diktaturen des 20. Jahrhunderts.

## Faschismus

Mit dem Begriff „Faschismus" ist im engeren Sinne eine nach dem Ersten Weltkrieg in Italien entstandene Bewegung gemeint. Die italienischen Faschisten gelangten 1922 an die Macht. Das von Benito Mussolini geführte und straff organisierte Herrschaftssystem basierte auf dem Einparteienstaat und war antiparlamentarisch, antidemokratisch und antimarxistisch. Im weiteren Sinne ist Faschismus ein Sammelbegriff für alle rechtsradikalen, autoritären politischen Bewegungen oder Systeme, die sich vor 1945 etablierten.

**Der Faschismus in Europa**

| Faschistische Staaten | Faschistische Regime unter deutschem Einfluss | Staaten nach faschistischem Vorbild |
|---|---|---|
| Italien (1922–1943) | Slowakei (1939–1945) | Portugal (1932–1945) |
| Deutschland (1933–1945) | Kroatien (1940–1944) | Österreich (1934–1938) |
| | Rumänien (1940–1941) | Spanien (1936–1975) |
| | Vichy-Frankreich (1940–1944) | |
| | Norwegen (1942–1945) | |
| | Ungarn (1944–1945) | |

Theoretiker der Kommunistischen Internationale betrachteten bereits in den Zwanziger Jahren den Nationalsozialismus als eine Form des Faschismus, die durch den krisengeschüttelten Kapitalismus erzeugt worden sei. Der Faschismus galt dabei als notwendige Form und Endstadium der bürgerlich-kapitalistischen Herrschaft. Die nichtmarxistische, vergleichende Faschismusforschung erwachte dann in den Sechziger Jahren zu neuem Leben und wurde hauptsächlich **von drei Zugängen**, die begründet sind durch **Ideengeschichte**, die Diskussion um eine **„strukturelle Modernisierung"** und eine **soziologische Betrachtung** der faschistischen Bewegungen und ihrer Wähler, vorangetrieben.

Der **ideengeschichtliche Ansatz** ist in erster Linie mit der Interpretation von Ernst Nolte verbunden. Dieser sah den Faschismus als dritten Weg in der europäischen Geschichte, der im weitesten Sinne sowohl antitraditional als auch antimodern zu begreifen sei. Nach Nolte stellt der Faschismus die Existenz der bürgerlichen Gesellschaft ebenso infrage, wie er auch antimarxistisch orientiert ist.[84]

Die **Variante des Modernisierungsansatzes** charakterisiert den Faschismus als besondere Form der Herrschaft in Gesellschaften, die sich in einer kritischen Phase des Transformationsprozesses zur Industriegesellschaft befunden hätten und zugleich objektiv in den Augen der herrschenden Schichten von der Möglichkeit eines kommunistischen Umsturzes bedroht worden seien.[85]

Der dritte einflussreiche, nichtmarxistische Ansatz zielt auf den Zugang des Faschismusphänomens durch die **Interpretation der sozialen Basis** faschistischer Massenparteien ab. So entstand die Sichtweise, der zufolge Faschismus als Radikalismus der unteren Mittelschicht entstand, oder man spricht auch vom Faschismus als „Extremismus der Mitte".

Die inhaltliche Auseinandersetzung im Einzelnen mit den hier knapp vorgestellten Theorieansätzen muss aus Platzgründen unterbleiben.[86] Generell erheben Kritiker gegen die Verwendung des Faschismusbegriffs den Einwand, dass dieser häufig in inflationärer Weise auf eine große Zahl von Bewegungen und Regimen von völlig unterschiedlicher Art und Bedeutung ausgedehnt werde und damit die einzigartigen Merkmale des Nationalsozialismus nicht befriedigend erfasse.

**84** Klaus Hildebrand: Das Dritte Reich. München 1995, S. 136.
**85** Ian Kershaw: Der NS-Staat. Geschichtsinterpretationen und Kontroversen im Überblick. Reinbek bei Hamburg 1999, S. 57.
**86** Sehr lohnenswert ist für dieses Thema: Kershaw: Der NS-Staat. Geschichtsinterpretationen und Kontroversen im Überblick. Reinbek bei Hamburg 1999, S. 39–79.

## Totalitarismus

Der Totalitarismusansatz lässt sich bis in die späten Zwanzigerjahre zurückverfolgen. Bedingt durch die Publikationen deutscher Emigranten über den stalinistischen Terror und den Hitler-Stalin-Pakt von 1939, fand das Adjektiv „totalitarian" im Sinne eines Vergleichs von Faschismus und Nationalsozialismus mit dem Kommunismus in den angelsächsischen Ländern bereits in den Dreißigerjahren eine stärkere Verbreitung. Das Totalitarismusmodell der frühen Nachkriegszeit wurde vor allem durch Hannah Arendt und Carl Friedrich allgemein bekannt. Friedrich fasste die seines Erachtens **zentralen Wesenszüge totalitärer Systeme in sechs Punkten** zusammen:

- eine offizielle Ideologie,
- eine einzelne Massenpartei,
- terroristische Polizeimaßnahmen,
- ein Medien- und
- ein Waffenmonopol
- sowie eine zentral gelenkte Wirtschaft.

Auf die Schwachstellen des Modells ist mehrfach hingewiesen worden: „Es ist vor allem ein statisches Modell, das wenig Raum für eine Veränderung und Entwicklung der inneren Dynamik eines Systems lässt, und es beruht auf der übertriebenen Annahme, ‚totalitäre Regime' seien von ihrer Art her im Wesentlichen monolithisch. Friedrichs Modell wird daher inzwischen selbst von Wissenschaftlern, die nach wie vor mit einem Totalitarismusansatz arbeiten, weitgehend abgelehnt."[87]

Eine **Neuinterpretation des Totalitarismusbegriffs** wurde von Karl Dietrich Bracher vorgenommen. Für ihn beruht der entscheidende Charakter des Totalitarismus auf dem totalen Herrschaftsanspruch, dem Führerprinzip, der reinen Ideologie und der Fiktion einer Identität von Herrschern und Beherrschten und dies macht in seinen Augen einen wesentlichen Unterschied zwischen einem „offenen" und einem „geschlossenen" Politikverständnis aus. Der grundlegende Wert des Totalitarismusbegriffs bestehe darin, dass er den Hauptunterschied zwischen Demokratie und Diktatur erkenntlich mache. Als einer der grundlegenden Einwände gegen die Verwendung einer derartigen Totalitarismusdefinition wurde angemeldet, dass ihr die begriffliche Schärfe fehle. Unterschiedlichen Regimen würden relativ oberflächlich gemeinsame

87 Ian Kershaw: Der NS-Staat. Geschichtsinterpretationen und Kontroversen im Überblick. Reinbek bei Hamburg 1999, S. 46.

Wesenszüge zugeschrieben, während bei genauerem Hinsehen viele bedeutsame Unterschiede in der Organisation und der Zielsetzung erkennbar seien.[88]

Nach eingehender Betrachtung des Totalitarismus- und Faschismusbegriffs legt der Historiker Ian Kershaw folgende **Schlussfolgerungen** nahe: „Mithilfe des Faschismusbegriffs lassen sich der Charakter des Nationalsozialismus, die Umstände seines Anwachsens, die Art seiner Herrschaft und seine Einordnung in den europäischen Kontext der Zwischenkriegszeit befriedigender und zutreffender erklären als mithilfe des Totalitarismusbegriffs. Es bestehen nicht nur periphere, sondern tiefgehende Ähnlichkeiten mit anderen Arten des Faschismus […]. Dies widerspricht keineswegs einer gleichzeitigen Beibehaltung des Totalitarismusbegriffs, auch wenn dieser Begriff weit weniger brauchbar und nur von sehr begrenztem Wert ist. Zweifellos besaß der Nationalsozialismus einen ‚totalen' (oder ‚totalitären') Anspruch, der sowohl für seine Herrschaftsmechanismen als auch für das – konforme und oppositionelle – Verhalten seiner Bürger Folgen hatte."[89]

Auf jährlich stattfinden Reichsparteitagen in Nürnberg wurde die nationalsozialistische Volksgemeinschaft beschworen.

**88** Ian Kershaw: Der NS-Staat. Geschichtsinterpretationen und Kontroversen im Überblick. Reinbek bei Hamburg 1999, S. 47–48.
**89** Ebd., S. 77 f.

## Die nationalsozialistische Ideologie

Von dieser Begriffsdiskussion hat sich mit Gewinn die Untersuchung der **Ideologie des Nationalsozialismus** etwas gelöst. Die Beantwortung der Frage nach der Existenz und dem Gehalt einer nationalsozialistischen Ideologie hat dabei in der Vergangenheit mehrere Diskussionsphasen durchlaufen. Mittlerweile besteht heute weitgehend Konsens darüber, dass dem nationalsozialistischen „Ideenbrei" **drei Hauptkomponenten** zugrunde liegen, die nicht etwas Neues und Originelles darstellen, sondern die schon im Laufe des 19. Jahrhunderts entwickelt und in den Jahren vor 1914 und in der Folge des Ersten Weltkriegs ins Extreme getrieben wurden:

- die sozialdarwinistische Vorstellung vom „Kampf ums Dasein", der Selektion der Schwachen durch die Starken;
- damit verbunden die Notwendigkeit eines Kampfes um „Lebensraum" für das germanische Volk, vor allem im Osten Europas;
- ein „rassisch" begründeter Antisemitismus, der die Juden als Sündenbock, als Wurzel allen Übels ansah.

Die Forderung nach Entfernung der Juden aus den gesellschaftlichen und den staatlichen Positionen ergab sich nicht erst durch die Nationalsozialisten, sondern wurde bereits schon viele Jahre zuvor erhoben. Auch das Postulat nach territorialen Erweiterungen war im **Wilhelminischen Kaiserreich** deutlich geäußert worden. Ab den Siebziger Jahren des 19. Jahrhunderts wurden sozialdarwinistische Muster mit Machtkämpfen von Kollektiven (Nationen, soziale Klassen und Rassen) verbunden. Der „Kampf ums Dasein" wurde im Zeitalter des Imperialismus mehr und mehr als ein Ringen um Selbstbehauptung durch Machtsteigerung begriffen. Gegen Ende des Jahrhunderts begnügte man sich nicht mehr mit sozialdarwinistischen Interpretationen, sondern versuchte, aus „wissenschaftlichen" Erkenntnissen über die Wechselwirkungen zwischen der biologischen Beschaffenheit der Menschen und den sozialen Prozessen Rezepte für staatliche Eingriffe in die Gesellschaft abzuleiten.

Es ist klar, dass die entscheidenden **geistesgeschichtlichen Einflüsse** für die nationalsozialistische Ideologie und die Weltanschauung Hitlers sich nicht im Einzelnen in ihrem Ausmaß bestimmen lassen. Von verschiedenen Seiten wurde dennoch die lohnenswerte Frage nach den Ideengebern Hitlers gestellt. So gibt es eine Bücherliste, die die Titel enthält, die Hitler bei dem Nationalsozialistischen Institut ausgeliehen haben soll, einer Leihbücherei in der Nähe Münchens, die in der Frühphase der Partei gegründet wurde. Diese Liste umfasst sämtliche wichtigen Autoren des Rassismus: Houston Stewart Chamberlain, Richard Wagner, Julius Langbehn und den völkischen Rassisten Max Maurenbrecher, der sowohl gegen die Juden als auch gegen die christliche Kirche schrieb.[90] In dieser Phase ist die **Ausbildung der Weltanschauung Hitlers** noch nicht abgeschlossen, sondern im Gegenteil, sie beginnt erst. Im Alter von dreißig Jahren ist Hitler ein „konventioneller Antisemit" und in der Außenpolitik ein „konventioneller Revisionist".[91]

Der **moderne Antisemitismus** hebt sich von den traditionellen Formen der Judenfeindschaft gerade dadurch ab, dass er sich auf den Rassebegriff stützt, er ist jedoch nicht mit dem Rassismus identisch. Insbesondere die ideengeschichtlichen Wurzeln beider Begriffe sind verschieden. 1879 gründete der Journalist Wilhelm Marr die erste Organisation, die einen antisemitischen Namen trug: die Antisemiten Liga. Der Antisemitismus wurde zum wichtigsten Träger der völkischen Bewegung.

Eng verbunden mit den geistesgeschichtlichen Einflüssen ist die Frage nach dem Entstehungszeitpunkt des Hitler'schen Weltbildes. So wurde erst jüngst wieder die Frage aufgeworfen, wann Hitler zum Antisemiten wurde. Erst das Jahr 1919, so die provokante These, sei als der Zeitpunkt anzusehen, an dem Hitler wirklich zum Antisemiten geworden sei: Im Juni 1919 wurde Hitler zu einem Aufklärungskurs der Reichswehr abkommandiert, in dem die zu demobilisierenden und aus der Gefangenschaft heimgekehrten Soldaten Grundlagen bürgerlichen Denkens erhalten sollten. Statt dessen sei Hitler mit dem Grundgedanken der antisemitischen Konzeption der jüdischen Weltverschwörung bekannt gemacht worden.[92] Mit den „Protokollen der Weisen von Zion" habe Hitler das inhaltliche Konzept gefunden, das seinen Forderungen einer guten und wirkungsvollen Propaganda entsprochen hätte, „selbst auseinanderliegende Gegner immer als nur zu einer Kategorie gehörende erscheinen zu lassen".[93] Diese **„Protokolle der Weisen von Zion"** waren um die Jahrhundertwende von Mitarbeitern des russischen Geheimdienstes geschrieben worden, um die Gegner der zaristischen Herrschaft zu diffamieren und zu bekämpfen. In Deutschland und vielen Ländern sind sie erst nach 1918 bekannt geworden, als sie von russischen Exilanten verbreitet wurden, die zum Kampf gegen die bolschewistische Regierung aufriefen. Die Protokolle „enthüllten" die angeblichen „Geheimnisse der Weisen von Zion" in Form von „Protokollen" mehrerer Sitzungen, auf denen die Pläne zur Erlangung der jüdischen Welt-

**90** George L. Mosse: Die Geschichte des Rassismus in Europa. Frankfurt am Main 1993, S. 238.
**91** Eberhard Jäckel: Hitlers Weltanschauung. Stuttgart 1991, S. 131.
**92** Meyer zu Utrup, Wolfram: Wann wurde Hitler zum Antisemiten? Einige Überlegungen zu einer strittigen Frage. In: Zeitschrift für Geschichtswissenschaft, 43. Jg., H. 8, 1995, S. 687–697.
**93** Mein Kampf, Bd. 1. S. 123 zitiert nach Meyer zu Utrup, S. 696.

herrschaft vorgestellt wurden. In der ersten Hälfte des Jahres 1919 wurden die „Protokolle" in Münchener Antisemiten-Kreisen eingehend diskutiert.

Hitlers Weltanschauung war eine Ansammlung aus verschiedenen Ideen, die bereits im 19. Jahrhundert entstanden waren. Die ersten gedanklichen Vorstellungen griff er bereits während seiner Zeit in Österreich auf. Das Kriegserlebnis war für ihn eine Bestätigung seines bereits vorhandenen Gedankenguts, bestehend aus Rassismus, Sozialdarwinismus und Imperialismus.

Nach anderer Ansicht trat zu **„Rasse"** und **„Lebensraum"** der **Antibolschewismus** als drittes konstitutives Element des Hitler'schen Weltbildes.[94] Die bolschewistische Bedrohung wurde von Hitler zur Begründung einer Ausrottungsstrategie gegen den Marxismus verwendet. Häufig wurde diese mit der Vorstellung einer jüdischen Konspiration, der **jüdisch-bolschewistischen Verschwörung**, verbunden. Damit knüpften die Nationalsozialisten an die vorhandene Verschwörungstheorie des „Protokolls der Weisen von Zion" an. Bereits 1920 erklärte Hitler: „Ein Bündnis zwischen Russland und Deutschland kann nur zustande kommen, wenn das Judentum abgesetzt wird."[95]

## Wähler und Anhängerschaft der NSDAP

Die Frage nach der Wähler- und Mitgliederstruktur gehört zu den zentralen Erklärungsmomenten des Nationalsozialismus. Lange Zeit dominierten und konkurrierten in der Diskussion unterschiedliche theoretische Erklärungsansätze, die hier in knapper Form skizziert werden.

Massenphänomen Hitler: Das Bild des Führers hing in allen Amtsräumen und Schulen.

94 Bernd Jürgen Wendt: Deutschland 1933–1945. Das Dritte Reich. Handbuch zur Geschichte. Hannover 1995, S. 55.
95 Zitiert nach Eberhard Jäckel: Hitlers Weltanschauung. Stuttgart 1991, S. 33.

- Der **Klassentheorie** liegt die bereits im Zusammenhang mit dem Faschismusphänomen angesprochene These eines „Extremismus der Mitte" zugrunde. Demnach waren es vor allem radikalisierte Wähler aus dem Mittelstand, denen die NSDAP ihre Wahlerfolge zu verdanken habe. Sie stützt sich auf die Beobachtung, dass der Aufstieg der Nationalsozialisten in den Wahlen parallel zum Niedergang der liberalen Parteien erfolgte.
- Die **Massentheorie** stützt ihre Begründung auf die Beobachtung, dass in den Wahlen der Weimarer Republik, bei denen die NSDAP gewann, gleichfalls die Wahlbeteiligung angestiegen war. Daraus leiten die Vertreter der Massentheorie eine Mobilisierung unpolitischer Nichtwähler und Jungwähler ab. In zweiter Linie habe auch die NSDAP von der Radikalisierung ehemaliger Rechtswähler (DNVP) profitiert.
- Der **Theorie des politischen Konfessionalismus** zufolge bestand eine „immunisierende Wirkung" gegenüber dem Nationalsozialismus. So seien die Klassen- und Konfessionsgrenzen der Weimarer Republik hinderlicher für die Ausbreitung der NSDAP gewesen als die traditionellen ideologischen Grenzen zwischen der sozialistischen Linken, der liberalen Mitte und der konservativen Rechten. Die katholischen (Zentrum/BVP) und die sozialistischen Parteien (SPD/KPD) machten dieser Theorie zufolge ihre Wähler zu loyalen Anhängern, indem sie ihnen ein umfassendes Weltbild zur Verfügung aufzeigten, in dem kein Platz war für eine „Ansteckung" mit nationalsozialistischem Gedankengut.[96]

Nach empirischer Überprüfung erweist sich, dass verschiedene Theorieansätze, die Klassen- ebenso wie die Massentheorie und die Konfessionalismustheorie jeweils nur einen bestimmten Teil des Phänomens, nicht aber das nationalsozialistische Wählerverhalten in seiner Gesamtheit in den Griff bekommen. So kommt Jürgen W. Falter in seinen umfassenden wahlanalytischen Untersuchungen zu dem Schluss: „Sie [die NSDAP] war von der sozialen Zusammensetzung ihrer Wähler her am ehesten eine Volkspartei des Protestes oder, wie man es wegen des nach wie vor überdurchschnittlichen, aber eben nicht erdrückenden Mittelschichtsanteils unter ihren Wählern in Anspielung auf die daraus resultierende statistische Verteilungskurve formulieren könnte, eine ‚Volkspartei mit Mittelstandsbauch'."[97]

Nach statistischer Überprüfung erwies sich die vielfach geäußerte Vermutung ebenfalls als nicht haltbar, die Arbeitslosen hätten Hitler zur Macht verholfen. In Wahlkreisen mit hoher Arbeitslosenquote fiel der NSDAP-Stimmen-

**96** Jürgen W. Falter: Hitlers Wähler. München 1991, S. 42–53.
**97** Ebd., S. 371 f.

anteil tendenziell unterdurchschnittlich aus, **Arbeitslose wählten weniger häufig die NSDAP** als der Durchschnitt der Wahlberechtigten. Innerhalb der Gruppe der Arbeitslosen förderten diese Analysen nochmals eine Differenzierung zutage. Erwerbslose Arbeiter bevorzugten eindeutig die KPD, erwerbslose Angestellte tendierten stärker zur NSDAP.[98]

Es ist durchaus umstritten, von der Wählerschaft einer Partei auf die Struktur der Mitglieder zu schließen. Zwischen September 1930 und 30. Januar 1933 stieg die Mitgliederzahl der NSDAP von 129 000 auf 849 000. In ihrer Entstehungs- und Aufstiegsphase wurde die Partei von Angehörigen der unteren Mittelschicht geprägt, die, gemessen an ihrem Anteil an der Gesamtbevölkerung, überrepräsentiert waren. Neben dem mittelständischen Kern zählte die NSDAP jedoch eine beachtliche Gruppe von Arbeitern zu ihren Mitgliedern. Ihr Anteil stieg bis 1933 auf 33,5 Prozent.[99] Nach der Reichstagswahl vom 5. März 1933, als die von der NSDAP beherrschte Regierungskoalition die absolute Mehrheit erreichte, wuchs die Mitgliederzahl stark. Zahlreiche Mitläufer und Opportunisten traten in die Partei ein; sie erhielten den Spottnamen „Märzgefallene", ein Ausdruck, der eigentlich aus der Märzrevolution 1848 stammt und den vom preußischen Militär erschossenen Demonstranten galt.

**Anstieg der Mitgliederzahlen der NSDAP von 1919 bis 1945**

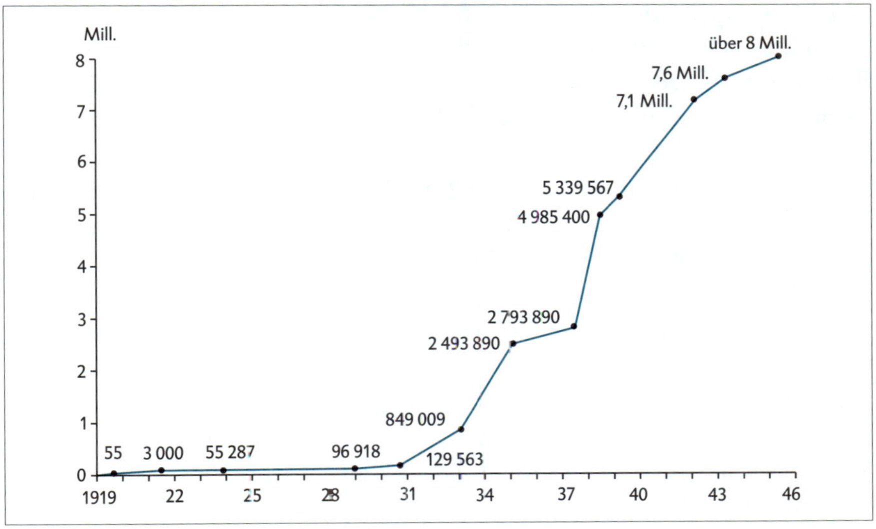


98 Ebd., S. 310–314.
99 Hans-Ulrich Thamer: Verführung und Gewalt. Deutschland 1933–1945. Berlin 1986, S. 174.

## Nationalsozialismus und italienischer Faschismus im Vergleich

Im Oktober 1922 marschierten rund 20 000 schlecht ausgerüstete italienische Faschisten nach Rom. **Benito Mussolini**, „Duce" der Faschisten, fuhr dagegen im Schlafwagen von Mailand nach Rom. Der König weigerte sich zur Verteidigung der Staatsordnung den Belagerungszustand zu verhängen. Stattdessen beschloss er die Bildung einer neuen Regierung unter Beteiligung der Faschisten. Noch Ende Oktober 1922 wurde Mussolini nach Monaten des Terrors Chef einer Koalitionsregierung. 1924 bestand diese Regierung nur noch aus Faschisten. Zwischen 1925 und 1928 wurde der faschistische Einparteienstaat systematisch ausgebaut. Alle oppositionellen Parteien und Organisationen wurden aufgelöst. Hitler nahm sich das Vorgehen Mussolinis bei der Machteroberung zum Vorbild. Nach einer Versammlung im Münchener Bürgerbräukeller glaubte er, dass nun der Marsch auf Berlin folgen könne. Bekanntlich scheiterte aber der Putschversuch in der Nacht vom 8. zum 9. November 1923.

Der Nationalsozialismus und der italienische Faschismus weisen einige frappierende **Übereinstimmungen** auf. In beiden Fällen konzentrierten sich faktisch die Legislative und Exekutive in der Hand der Diktatoren. Das „Führerprinzip" in Deutschland und das „Hierarchieprinzip" in Italien wurden zum Ordnungsprinzip des öffentlichen Lebens schlechthin erhoben. Verblüffend schnell wurden auch die Verfassungen außer Kraft gesetzt und der Rechtsstaat aufgelöst. Zu den Ähnlichkeiten gehören weiterhin: ein extremer chauvinistischer Nationalismus mit ausgeprägten imperialistischen, expansionistischen Tendenzen; eine antisozialistische, antimarxistische Stoßrichtung, die auf die Zerstörung der Organisationen der Arbeiterklasse und deren marxistische Philosophie abzielt; als Basis eine Massenpartei, die Menschen aus allen Teilen der Gesellschaft anzieht, aber besonders deutlich von der Mittelschicht unterstützt wird; eine extreme Intoleranz gegenüber allen oppositionellen Gruppen, die sich in brutalem Terror, offener Gewalt und schonungsloser Unterdrückung äußert; die Verherrlichung von Militarismus und Krieg; die Abhängigkeit von einem „Bündnis" mit den vorhandenen (industriellen, agrarischen, militärischen und bürokratischen) Eliten, um einen politischen Durchbruch zu erzielen.[100]

Dennoch gibt es einige Merkmale, die den Nationalsozialismus zu einer besonderen Faschismusvariante und einem einzigartigen Phänomen werden

**100** Ian Kershaw: Der NS-Staat. Geschichtsinterpretationen und Kontroversen im Überblick. Reinbek bei Hamburg 1999, S. 73 f.

lassen. Der **Hauptunterschied** liegt in der nationalsozialistischen Rassenideologie, zu der es beim italienischen Faschismus keine Parallele gegeben hat. Insgesamt entfaltete das faschistische Regime Italiens keine mit der Herrschaftspraxis des Nationalsozialismus vergleichbare, durch staatliche oder staatlich anerkannte Exekutivorgane systematische, bis zur behördenmäßigen Durchführung des Völkermordes radikalisierte terroristische Politik.

Weitere jedoch nicht von allen Forschern akzeptierte Unterschiede zwischen dem italienischen Faschismus und dem Nationalsozialismus sind abhängig vom jeweiligen Interpretationsstandpunkt. So dreht sich die Frage darum, wie „modern" die jeweiligen Diktaturen gewesen seien.[101] Im Fall Mussolinis wird darauf verweisen, dass es durch die starke Einflussnahme des Staates auf die Wirtschaft zu einer „Modernisierung" gekommen sei. Der italienische Faschismus habe die Masse der Bevölkerung für sich gewinnen können, weil es zu einem wirklichen wirtschaftlichen Aufschwung gekommen sei. So gelang es, ein modernes Wohlfahrtssystem zu etablieren. Große Projekte wie die Trockenlegung der Pontinischen Sümpfe, die Erweiterung des Straßennetzes, die Errichtung von Wasserkraftwerken und der Ausbau neuer Städte verringerten spürbar die Zahl der Arbeitslosen. In der Modernisierungsfrage werden für den Nationalsozialismus ernsthafte Zweifel angemeldet. Hitlers Ideologie bestand aus rassistischen und sozialdarwinistischen Vorstellungen des 19. Jahrhunderts, sie war kein Plan für eine „Modernisierung". Auch wird den Befürwortern dieser Modernisierungsthese, wohl zu Recht, entgegengehalten, dass durch die Konzentration auf das Nebenprodukt „Modernisierung" das Wesentliche am Faschismus ignoriert wird.[102]

Auf einen weiteren Unterschied wird in erster Linie von den Historikern verwiesen, die die inneren Herrschaftsstrukturen der beiden Diktaturen im Blickfeld haben und die in der nationalsozialistischen Herrschaftsstruktur ein heilloses Durcheinander von sich ständig verlagernden Machtbasen und sich bekriegenden Gruppen sehen.[103] Demgegenüber haben im faschistischen Italien organisationsspezifische Eigendynamiken eine vergleichbar geringe Rolle gespielt: „Mussolini gelang es im Ergebnis, den politischen Einfluss der Partei auf relevante Bereiche der Regierungsmaschinerie zurückzudrängen. Gleichzeitig wurden die Machtansprüche und Autonomiebestrebungen der eigenlegitimierten und rechtsenthobenen Exekutivstäbe der Partei und der faschistischen Provinzfürsten neutralisiert."[104]

**101** vgl. dazu den Abschnitt „Faschismus", S. 93 f.
**102** Ian Kershaw: Der NS-Staat. Geschichtsinterpretationen und Kontroversen im Überblick. Reinbek bei Hamburg 1999, S. 369.
**103** vgl. dazu den Abschnitt „Zwischen Polykratie und Monokratie", S. 11 f.
**104** Maurizio Bach: Die charismatischen Führerdiktatoren. Baden-Baden 1990, S. 183.

## Deutungen des Faschismus und des Nationalsozialismus in Ost- und Westdeutschland

Bis zu den politischen Umwälzungen von 1989 bildete in der **Deutschen Demokratischen Republik** die Kominterntheorie den Schlüssel zum Verständnis des Faschismus, auf deren Grundlage der Nationalsozialismus betrachtet wurde. Der fest in marxistisch-leninistischen Grundsätzen verankerte Antifaschismus war von Anfang an ein unentbehrlicher Grundpfeiler der Ideologie und der Existenzberechtigung des Staates. Da der **Faschismus als Produkt des Kapitalismus** begriffen wurde und der benachbarte westdeutsche Staat auf der Grundlage der kapitalistischen Grundsätze der westlichen Alliierten gegründet war, hatte die Faschismusforschung die Aufgabe, die ostdeutsche Bevölkerung nicht nur darüber zu unterrichten, welche entsetzlichen und schlimmen Dinge in der Vergangenheit geschehen waren, sondern auch zu vermitteln, welche drohenden Gefahren in der Gegenwart und in der Zukunft lauerten – Gefahren, die den potenziellen Faschismus betreffen, der dem kapitalistischen Imperialismus der westlichen Länder, vor allem der Bundesrepublik, zu eigen sei. Einer der führenden DDR-Historiker brachte das Ganze auf folgenden Nenner: „Für uns [bedeutet] die Faschismusforschung Teilnahme am gegenwärtig geführten Klassenkampf."[105]

Die Überzeugungskraft der formelhaften Erklärungsansätze für den Faschismus ließ aber im Lauf der Jahre immer mehr nach. Die Gründe kann man in drei Punkten zusammenfassen. Zum ersten erhielt der **offiziell verordnete Antifaschismus** einen unglaubwürdigen Beigeschmack, da die Verbrechen des Stalinismus verschwiegen wurden. Zum zweiten stand die undemokratische und diktatorische Herrschaftsweise des SED-Regimes in deutlichem Widerspruch zu den demokratischen und antitotalitären Traditionen der Arbeiterbewegung und des Arbeiterwiderstands. Drittens blendete das spezifische kommunistische Geschichtsbild vom Nationalsozialismus und Faschismus zentrale Aspekte der Vergangenheit aus und ließ auch keine Diskussion darüber zu: „In dieser Sicht auf den Aufstieg des Nationalsozialismus in Deutschland blieb der Massenanhang des Faschismus also weitgehend ausgeblendet, während der finanziellen Unterstützung der NSDAP durch Großkapital und Großagrarier um so größeres Gewicht zugeschrieben wurde. Im Ergebnis stellte sich die deutsche Geschichte zwischen 1933 und 1945 vor allem als eine ununterbrochene Auseinandersetzung zwischen Widerstands-

**105** Ian Kershaw: Der NS-Staat. Geschichtsinterpretationen und Kontroversen im Überblick. Reinbek bei Hamburg 1999, S. 29.

kämpfern und imperialistischen Machtcliquen dar. Die vielfach beschworenen ‚Volksmassen', jene Mehrheit der Deutschen, die weder Widerstand leisteten, noch den herrschenden Machtkartellen angehörten, die sich anpassten und unzumutbare Eingriffe in ihre Lebensweise abzuwehren versuchten – diese Millionen Alltagsdeutsche fanden sich in dem herrschenden DDR-Geschichtsbild nicht wieder."[106] Die Verbreitung dieser Betrachtungsweise hatte für weite Teile der DDR-Bevölkerung eine überaus **entlastende Wirkung**. Dadurch, dass der DDR-Staat und mit ihm seine Bürger aus der Tradition und damit der Verantwortung für die Verbrechen des Nationalsozialismus ausgenommen wurden, stellte sich die individuelle Verstrickung der Einzelnen erst gar nicht zur Debatte.

Anders als in den Westzonen, wo nicht zuletzt auf Druck der Besatzungsmächte seit 1946/47 Wiedergutmachungszahlungen an jüdische Überlebende geleistet wurden, bildete sich in Ost-Berlin auch die Meinung heraus, lediglich die „aktiven Kämpfer" gegen den Faschismus, nicht aber deren „passive Opfer" finanziell zu entschädigen.[107] Scharfe Vorwürfe erhob die DDR gegenüber der bundesrepublikanischen Praxis der Amnestierung ehemaliger „Mitläufer" der NS-Regime. Die politische Praxis folgte der Erkenntnis, wonach die politische Amnestierung und soziale Reintegration des Heeres der „Mitläufer" ebenso notwendig wie unvermeidlich war.

Nach dem Verständnis der Väter des Grundgesetzes hat das Deutsche Reich nicht aufgehört zu existieren, sondern nur einen neuen Namen erhalten: **Bundesrepublik Deutschland**. Im Vergleich zum staatlich verordneten Geschichtsbild in der DDR entwickelte sich die Diskussion in der Bundesrepublik über das Phänomen des Nationalsozialismus wesentlich komplexer. Dabei ist sehr genau zwischen den Forschungsansätzen und Urteilen der Fachhistoriker und der Breitenwirkung hinsichtlich der Bereitschaft der bundesdeutschen Bevölkerung, sich an einer derartigen Diskussion zu beteiligen, zu unterscheiden. Während in der bundesdeutschen Öffentlichkeit bis weit in die Sechziger Jahre die Tendenz vorherrschte, die Auseinandersetzung mit dem Nationalsozialismus zu verdrängen, gingen Politikwissenschaftler und Historiker sehr bald daran, Antworten auf die Frage nach der „deutschen Katastrophe" (Friedrich Meinecke) zu suchen. Jedoch erstmals in den Achtziger Jahren erhielten durch den **Historikerstreit** (1986) fachwissenschaftliche Auseinandersetzungen in der Öffentlichkeit eine breite Aufmerksamkeit. Im Kern drehte sich

106 Groehler: Antifaschismus – Vom Umgang mit einem Begriff. In: Ulrich Herbert, Olaf Groehler: Zweierlei Bewältigung. Vier Beiträge über den Umgang mit der NS-Vergangenheit in den beiden deutschen Staaten. Hamburg 1992, S. 34.
107 Vgl. Jeffrey Herf: Zweierlei Erinnerung. Die NS-Vergangenheit im geteilten Deutschland. Berlin, 1998.

die Diskussion um die Frage, ob die Verbrechen des Nationalsozialismus sich nicht wesentlich von anderen Untaten unterscheiden, – vom Archipel GULAG bis zu den Todesfeldern Kambodschas. Insbesondere erregten sich in der die Debatte die Gemüter über den Punkt, ob der Holocaust vergleichbar sei. Letztere These wurde von Ernst Nolte vorgebracht, der meinte die Schrecken des GULAG und die Angst vor dem Bolschewismus hätten erst Auschwitz hervorgebracht. Die verdrehte Argumentation impliziert, dass der Überfall der Wehrmacht auf die Sowjetunion im Grunde ein Präventivkrieg gewesen sei, genauso wie die Gräueltaten, die sie beging, um den noch schlimmeren Grausamkeiten der „asiatischen Horden" zuvorzukommen. Der Historiker Andreas Hillgruber betrachtete ehrfürchtig den aufopferungsvollen Kampf der Wehrmacht, die „Racheorgie", die der Bolschewismus zu entfesseln im Begriff war, zu stoppen. In der Debatte wurden diese revisionistischen Positionen zu Recht zurückgewiesen. Ein „Verstehen" über die einfühlende Identifizierung mit den an der Ostfront kämpfenden Soldaten kann keinesfalls eine angemessene kritische Methode der Geschichtsforschung sein. Sie entbehrt jeglichem analytisch-kritischem Bezugsrahmen und lässt die Insassen der Todeslager und zahlreiche andere Opfergruppen der nationalsozialistischen Gewaltherrschaft außer Acht. Dagegen führten zahlreiche Historiker überzeugend ins Feld, dass die Einzigartigkeit dieses Verbrechen unbestreitbar ist. Der wissen schaftlich unergiebige Historikerstreit zeigte, dass es im weiteren Sinn vor allem darum ging, welchen Platz der Nationalsozialismus im Selbstverständnis und im öffentlichen Leben der Deutschen einnehmen soll.

# Quellen und Literatur

Aly, Götz: Hitlers Volksstaat. Raub, Rassenkrieg und nationaler Sozialismus. Frankfurt am Main, Fischer 2005

Aly, Götz (Hg.): Volkes Stimme. Skepsis und Führervertrauen im Nationalsozialismus. Frankfurt am Main, Fischer 2006

Bach, Maurizio: Die charismatischen Führerdiktaturen. Drittes Reich und italienischer Faschismus im Vergleich ihrer Herrschaftsstrukturen. Baden-Baden, Nomos 1990

Barkai, Avraham: Vom Boykott zur „Entjudung". Der wirtschaftliche Existenzkampf der Juden im Dritten Reich 1933–1943. Frankfurt am Main, Fischer 1987

Benz, Wolfgang: Geschichte des Dritten Reiches. München, Beck 2000

Benz, Wolfgang: Der Holocaust. München, Beck [7]2008

Benz, Wolfgang, Buchheim, Hans, Mommsen, Hans: Der Nationalsozialismus. Studien zur Ideologie und Herrschaft. Frankfurt am Main, Fischer 1995

Benz, Wolfgang: Potsdam 1945. Besatzungsherrschaft und Neuaufbau im Vier-Zonen-Deutschland. München, dtv 4., aktualisierte Neuausgabe 2005

Benz, Wolfgang, Pehle, Walter H. (Hrsgg.): Lexikon des deutschen Widerstandes. Frankfurt am Main, Fischer [2]2004

Bracher, Karl Dietrich: Stufen der Machtergreifung. Frankfurt am Main, Berlin, Wien, Ullstein 1983

Bracher, Karl Dietrich, Funke, Manfred, Jacobsen, Hans-Adolf (Hrsgg.): Deutschland 1933–1945. Neue Studien zur nationalsozialistischen Herrschaft. Bonn, Bundeszentrale für politische Bildung 1993

Broszat, Martin: Die Machtergreifung. Der Aufstieg der NSDAP und die Zerstörung der Weimarer Republik. München, dtv [5]1994

Broszat, Martin, Frei, Norbert (Hrsgg.): Das Dritte Reich im Überblick. Chronik Ereignisse Zusammenhänge. München, dtv aktualisierte Taschenbuchausgabe 2007

Deutscher Widerstand 1933–1945. Informationen zur politischen Bildung. Heft 243. Bonn, Bundeszentrale für politische Bildung Neudruck 2004

Falter, Jürgen W.: Hitlers Wähler. München, Beck 1991

Frei, Norbert: 1945 und wir. Das Dritte Reich im Bewußtsein der Deutschen. München, erw. Taschenbuchausgabe. München, dtv 2009

Frei, Norbert: Der Führerstaat. Nationalsozialistische Herrschaft 1933 bis 1945. München, dtv, erw. Neuausgabe $^{8}$2007

Frei, Norbert: Vergangenheitspolitik. Die Anfänge der Bundesrepublik und die NS-Vergangenheit. München, dtv $^{2}$2003

Friedländer, Saul: Das Dritte Reich und die Juden. Verfolgung und Vernichtung 1933–1945. München, Beck 2006

Gellately, Robert: Hingeschaut und Weggesehen. Hitler und sein Volk. Bonn, bpb $^{3}$2005.

Graml, Hermann: Reichskristallnacht. Antisemitismus und Judenverfolgung im Dritten Reich. München, dtv $^{3}$1998

Gruchmann, Lothar: Der Zweite Weltkrieg. München, dtv 11., durchgesehene und aktualisierte Auflage 2005

Herbert, Ulrich, Groehler, Olaf: Zweierlei Bewältigung. Vier Beiträge über den Umgang mit der NS-Vergangenheit in den beiden deutschen Staaten. Hamburg, Ergebnisse-Verlag 1992

Herbst, Ludolf: Das nationalsozialistische Deutschland 1933–1945. Darmstadt, Wissenschaftliche Buchgesellschaft 1997

Herf, Jeffrey: Zweierlei Erinnerung. Die NS-Vergangenheit im geteilten Deutschland. Berlin, Propyläen-Verlag 1998

Hilberg, Raul: Die Vernichtung der europäischen Juden. Frankfurt am Main, Fischer erneut durchgesehene, 9. Auflage 1999

Hilberg, Raul: Täter, Opfer, Zuschauer. Die Vernichtung der Juden 1933–1945. Frankfurt am Main, Fischer limitierte Sonderausgabe 1999

Hildebrand, Klaus: Das Dritte Reich. München, Oldenbourg Verlag 7., durchgesehene Auflage 2009

Jäckel, Eberhard: Hitlers Weltanschauung. Stuttgart, Deutsche Verlags-Anstalt $^{4}$1991

Jesse, Eckhard (Hrsg.): Totalitarismus im 20. Jahrhundert. Eine Bilanz der internationalen Forschung. Baden-Baden, Nomos 2., erweiterte und aktualisierte Auflage 1999

Kammer, Hilde, Bartsch, Elisabeth: Jugendlexikon Nationalsozialismus. Begriffe aus der Zeit der Gewaltherrschaft 1933–1945. Reinbek bei Hamburg, Rowohlt 2006

Kershaw, Ian: Der NS-Staat. Geschichtsinterpretationen und Kontroversen im Überblick, Hamburg, Nikol Verlag [4]2009

Kißener, Michael (Hrsg.): Der Weg in den Nationalsozialismus 1933/34. Darmstadt, Wiss. Buchges. 2009

Lichtenstein, Heiner, Romberg, Otto R. (Hrsgg.): Täter – Opfer – Folgen. Der Holocaust in Geschichte und Gegenwart. Bonn, Bundeszentrale für politische Bildung 2., erweiterte Auflage 1997

Longerich, Peter: „Davon haben wir nichts gewusst!" Die Deutschen und die Judenverfolgung 1933–1945. München, Siedler 2006

Mehringer, Hartmut: Widerstand und Emigration. Das NS-Regime und seine Gegner. München, dtv 1997

Michalka, Wolfgang (Hrsg.): Deutsche Geschichte 1933–1945. Dokumente zur Innen- und Außenpolitik. Frankfurt am Main, Fischer Neuausgabe 2002

Mosse, George L.: Die Geschichte des Rassismus in Europa. Erweiterte Ausgabe. Frankfurt am Main, Fischer Unveränderte, vom Autor 1990 durchgesehene und erweiterte Ausgabe 2006

Nationalsozialismus I. Von den Anfängen bis zur Festigung der Macht. Informationen zur politischen Bildung. Heft 251. Bonn, Bundeszentrale für politische Bildung 2003

Nationalsozialismus II. Führerstaat und Vernichtungskrieg. Informationen zur politischen Bildung. Heft 266, Neudruck 2004

Paucker, Arnold: Standhalten und Widerstehen. Der Widerstand deutscher und österreichischer Juden gegen die nationalsozialistische Diktatur. Essen, Klartext 1995

Schmuhl, Hans-Walter: Rassenhygiene, Nationalsozialismus, Euthanasie. Von der Verhütung zur Vernichtung „lebensunwerten Lebens", 1890–1945. Göttingen, Vandenhoeck & Rupprecht [2]1992

Steinbach, Peter, Tuchel, Johannes: Widerstand gegen die nationalsozialistische Diktatur 1933–1945. Bonn, bpb 2004

Süß, Dietmar, Süß, Winfried: Das Dritte Reich. Eine Einführung. München, Pantheon 2008

Wendt, Bernd Jürgen: Deutschland 1933–1945. Das Dritte Reich. Handbuch zur Geschichte. Hannover, Fackelträger 1995

# Stichwortverzeichnis

# Bildnachweis

Umschlagbild: Reichstagssitzung – Singen des Horst-Wessel-Lieds anlässlich der Einführung der allgemeinen Wehrpflicht am 21. Mai 1935 © ullstein bild

bpk: S. 1 re., 3, 8 (Joseph Schorer), 58 li. (Atelier Bieber/Nather), 62 li. (Abraham Pisarek), 66 (Fritz Carl), 76 (Bernhardt Walter, Emst Hofmann), 99 (Kunstbibliothek, SMB), 14, 17, 22 re., 32, 44 re., 45 re., S. 46 re., 48, 58 re., 61, 77 re., 81 re.

Bundesarchiv Koblenz: S. 67 (Bild 102/16748)

Deutsches Historisches Museum Berlin: S. 46 li., 83 re., 88

Erich Schmid Verlag: S. 6 (ZB 50 084), 19 (ZB 50 090)

Landesarchiv Berlin: S. 23

Musée de la Résistance et de la Déportation : S. 24

© SV-Bilderdienst: S. 74

© SV-BIlderdienst: Scherl: S. 21 re., 40 li., 58 mi.,

© The Heartfield Community of Heirs/VG Bildkunst 2007: S. 26

ullstein bild: S. 1 li. (AKG Pressebild), 4 (Archiv Gerstenberg), 21 li. (SV-Bilderdienst), 31 (Stary), 45 li., 55, 81 li., 96

# Ihre Meinung ist uns wichtig!

Ihre Anregungen sind uns immer willkommen. Bitte informieren Sie uns mit diesem Schein über Ihre Verbesserungsvorschläge!

| Titel-Nr. | Seite | Vorschlag |
|---|---|---|
| | | |
| | | |
| | | |
| | | |
| | | |
| | | |
| | | |
| | | |
| | | |

Bitte hier abtrennen

*Die echten Helfen zum Lernen ...* **STARK**

**Zutreffendes bitte ankreuzen!**

**Die Absenderin/der Absender ist:**

- ☐ Lehrer/in in den Klassenstufen: ____
- ☐ Fachbetreuer/in
  Fächer: ____
- ☐ Seminarlehrer/in
  Fächer: ____
- ☐ Regierungsfachberater/in
  Fächer: ____
- ☐ Oberstufenbetreuer/in
- ☐ Schulleiter/in
- ☐ Referendar/in, Termin 2. Staats-
  examen: ____
- ☐ Leiter/in Lehrerbibliothek
- ☐ Leiter/in Schülerbibliothek
- ☐ Sekretariat
- ☐ Eltern
- ☐ Schüler/in, Klasse: ____
- ☐ Sonstiges: ____

**Unterrichtsfächer:** **(Bei Lehrkräften!)**

____

STARK Verlag
Postfach 1852
85318 Freising

19-V1T_GW

Bitte ausfüllen und im frankierten Umschlag
an uns einsenden. Für Fensterkuverts geeignet.

**Kennen Sie Ihre Kundennummer?**
**Bitte hier eintragen.**

| | | | | | | |
|---|---|---|---|---|---|---|
| | | | | | | |

## Absender (Bitte in Druckbuchstaben!)

**Name/Vorname**

**Straße/Nr.**

**PLZ/Ort/Ortsteil**

**Telefon privat**

**Geburtsjahr**

**E-Mail**

## Schule/Schulstempel (Bitte immer angeben!)

Bitte hier abtrennen

*(Bitte blättern Sie um)*

## Geschichte

Geschichte 1 – Baden-Württemberg – Die Entwicklung der politischen Kultur im Kaiserreich und in der Weimarer Republik · Die Zerstörung der Demokratie durch den Nationalsozialismus ........ Best.-Nr. 84761
Geschichte 2 – Baden-Württemberg Deutschland seit 1945 · Die bipolare Welt ........ Best.-Nr. 84762
Geschichte 1 – Bayern Vom 19. Jahrhundert bis zum Ende des Nationalsozialismus ........ Best.-Nr. 94781
Geschichte 2 – Bayern Deutschland seit 1945 · Europäische Einigung Weltpolitik der Gegenwart ........ Best.-Nr. 94782
Geschichte 1 – NRW Vom 19. Jahrhundert bis zum Ende des Nationalsozialismus ........ Best.-Nr. 54761
Geschichte 2 – NRW Deutschland und Europa nach dem Zweiten Weltkrieg ........ Best.-Nr. 54762
Geschichte 1 – Deutschland vom 19. Jahrhundert bis zum Ende des Nationalsozialismus ........ Best.-Nr. 84763
Geschichte 2 – Deutschland seit 1945 · Europäische Einigung Weltpolitik der Gegenwart ........ Best.-Nr. 84764
Methoden Geschichte ........ Best.-Nr. 94789
Abitur-Wissen Die Antike ........ Best.-Nr. 94783
Abitur-Wissen Das Mittelalter ........ Best.-Nr. 94788
Abitur-Wissen Die Französische Revolution ........ Best.-Nr. 947810
Abitur-Wissen Die Ära Bismarck: Entstehung und Entwicklung des deutschen Nationalstaats ........ Best.-Nr. 94784
Abitur-Wissen Imperialismus und Erster Weltkrieg Best.-Nr. 94785
Abitur-Wissen Die Weimarer Republik ........ Best.-Nr. 47815
Abitur-Wissen Nationalsozialismus und Zweiter Weltkrieg ........ Best.-Nr. 94786
Abitur-Wissen Deutschland von 1945 bis zur Gegenwart ........ Best.-Nr. 947811
Kompakt-Wissen Abitur Geschichte Oberstufe ........ Best.-Nr. 947601
Lexikon Geschichte ........ Best.-Nr. 94787

## Kunst

Abitur-Wissen Malerei, Plastik, Architektur (G8) . Best.-Nr. 949618
Abitur-Wissen Malerei (G9) ........ Best.-Nr. 94961
Abitur-Wissen Analyse und Interpretation (G9) .. Best.-Nr. 94962

## Wirtschaft/Recht

Wirtschaft – Markt und Preise, Die Zukunft der Sozialen Marktwirtschaft ........ Best.-Nr. 84851
Betriebswirtschaft ........ Best.-Nr. 94851
Abitur-Wissen Volkswirtschaft ........ Best.-Nr. 94881
Abitur-Wissen Rechtslehre ........ Best.-Nr. 94882
Kompakt-Wissen Abitur Volkswirtschaft ........ Best.-Nr. 948501

## Politik

Abitur-Wissen Internationale Beziehungen ........ Best.-Nr. 94802
Abitur-Wissen Demokratie ........ Best.-Nr. 94803
Abitur-Wissen Sozialpolitik ........ Best.-Nr. 94804
Abitur-Wissen Die Europäische Einigung ........ Best.-Nr. 94805
Abitur-Wissen Politische Theorie ........ Best.-Nr. 94806
Kompakt-Wissen Abitur Politik/Sozialkunde ........ Best.-Nr. 948001
Lexikon Politik/Sozialkunde ........ Best.-Nr. 94801

## Ethik

Ethische Positionen in historischer Entwicklung ... Best.-Nr. 94951
Abitur-Wissen Philosophische Ethik ........ Best.-Nr. 94952
Abitur-Wissen Glück und Sinnerfüllung ........ Best.-Nr. 94953
Abitur-Wissen Freiheit und Determination ........ Best.-Nr. 94954
Abitur-Wissen Recht und Gerechtigkeit ........ Best.-Nr. 94955
Abitur-Wissen Religion und Weltanschauungen .. Best.-Nr. 94956
Abitur-Wissen Politische Ethik ........ Best.-Nr. 94958

## Religion

Katholische Religion 1 – gk ........ Best.-Nr. 84991
Katholische Religion 2 – gk ........ Best.-Nr. 84992
Abitur-Wissen GK ev. Religion Der Mensch zwischen Gott und Welt ........ Best.-Nr. 94973
Abitur-Wissen GK ev. Religion Die Verantwortung des Christen in der Welt ........ Best.-Nr. 94974
Abitur-Wissen Glaube und Naturwissenschaft ..... Best.-Nr. 94977
Abitur-Wissen Jesus Christus ........ Best.-Nr. 94978
Abitur-Wissen Die Frage nach dem Menschen ..... Best.-Nr. 94990
Abitur-Wissen Die Bibel ........ Best.-Nr. 94992
Abitur-Wissen Christliche Ethik ........ Best.-Nr. 94993

## Erziehungswissenschaft

Erziehungswissenschaft NRW GK/LK ........ Best.-Nr. 54941
Erziehungswissenschaft ........ Best.-Nr. 94941

## Pädagogik/Psychologie

Grundwissen Pädagogik ........ Best.-Nr. 92480
Grundwissen Psychologie ........ Best.-Nr. 92481

## Sport

Bewegungslehre · Sportpsychologie ........ Best.-Nr. 94981
Trainingslehre ........ Best.-Nr. 94982

**Bestellungen bitte direkt an:**
STARK Verlagsgesellschaft mbH & Co. KG · Postfach 1852 · 85318 Freising
Tel. 0180 3 179000* · Fax 0180 3 179001* · www.stark-verlag.de · info@stark-verlag.de
* 9 Cent pro Min. aus dem deutschen Festnetz

STARK

19-V1T_GW